economía
y
demografía

LA OFENSIVA EMPRESARIAL CONTRA LA INTERVENCIÓN DEL ESTADO

por

BENITO REY ROMAY

siglo
veintiuno
editores

MÉXICO
ESPAÑA
ARGENTINA
COLOMBIA

siglo veintiuno editores, sa
CERRO DEL AGUA 248, MEXICO 20, D F

siglo veintiuno de españa editores, sa
C PLAZA 5, MADRID 33, ESPAÑA

siglo veintiuno argentina editores, sa

siglo veintiuno de colombia, ltda
AV 3a 17-73 PRIMER PISO BOGOTA, D E COLOMBIA

primera edición, 1984
©siglo veintiuno editores, s.a. de c.v.

isbn 968-23-1283-3

este libro se publica por acuerdo especial
con el instituto de investigaciones económicas
de la universidad nacional autónoma de méxico

impreso en editorial romont, s.a.
presidentes 142 - col. portales
del. benito juárez - 03300 méxico, d.f.
tres mil ejemplares y sobrantes
31 de julio de 1984

ÍNDICE

A ROSA REY ROMAY, QUERIDA HERMANA
(† 28-I-84)
AL DR. JESÚS SILVA HERZOG, MAESTRO
DE LA GENEROSIDAD, DE LA HONRADEZ Y
DE LA VERDAD

I. INTRODUCCIÓN

1. LOS ANTECEDENTES DE ESTE TRABAJO

A fines de 1980, desempeñando la doble función de director de Promoción Industrial y de director de Empresas Filiales y Fideicomisos en Nacional Financiera, S.A., hice un esbozo de términos de referencia para un estudio detallado sobre las empresas industriales en que el sector público mexicano era accionista, así como de la actuación de éste como inversionista y administrador industrial. Este anteproyecto obedeció a la urgencia que sentía de contar con elementos de juicio objetivos y precisos que permitieran a la institución planear con más eficacia su acción promotora de nuevas empresas a la par que, con mayor previsión, la oportunidad del desarrollo de aquellas en que ya era accionista o administradora de acciones del gobierno federal, en forma congruente, ambas cosas, con las actividades de fomento industrial que realizaban otras entidades públicas inversoras.

Al propósito anterior me animaba, también, la posición preeminente de la institución dentro del grupo industrial paraestatal al poseer y administrar la mayor parte de las inversiones que lo constituían, excluidas aquellas realizadas en las empresas que tiénen el carácter de organismos descentralizados, como son Petróleos Mexicanos y la Comisión Federal de Electricidad, principalmente.

Pensé, tal vez ambicioso y optimista, que un Plan de Promoción Industrial NAFINSA, sustentado en un estudio analítico y prospectivo sectorial, podría convertirse en el programa central de referencia para la continuidad de la acción industrial directa del estado. Esto era posible, además de lo destacado, por la sin par capacidad financiera de NAFINSA y por tener, dentro del sector público, la mayor experiencia tanto en la realización de proyectos de toda envergadura como en la administración industrial.

Diversas causas me impidieron desarrollar el esbozo mencionado hasta un plan de trabajo. Sin embargo, mi decisión de dedicarme a tareas académicas en la Universidad Nacional Autónoma de México renovó mi interés por el tema a mediados de 1982, en que decidí mi retiro de NAFINSA, ultimé mis preparativos para incorporarme al Instituto de Investigaciones Económicas y propuse a su director, licenciado José Luis Ceceña Gámez, incluir en mi plan de trabajo para 1983 tal tema como objeto de estudio, aunque ya desprendido del interés particular original y, por tanto, de carácter general.

El licenciado Ceceña lo aceptó y me animó a actuar de inmediato. Compañeros míos en el gobierno, así como otros colegas, me entusiasmaron y ofrecieron ayuda. Las cosas así, hice el programa para la tarea a fines de 1982, la cual inicié en los últimos días del mes de enero de 1983.

A los pocos días me percaté de que la magnitud de los problemas de realización habían crecido al no estar ya tan cerca, como antes, de las fuentes de información y de las personas a quienes podía acudir sin dificultad en busca de puntos de vista, información y asesoría. Para los ajenos a la administración pública y a la investigación esto no es muy comprensible, pues no están familiarizados con el frecuente hermetismo, fragmentación y contradicciones entre fuentes que normalmente padece la informática oficial que no se publica rutinariamente, ni con el largo tiempo que requiere lograr entrevistas, para fines no oficiales o de trámite, con funcionarios que tienen una gran carga de trabajo. Sin embargo, el que tiene amigos comprensivos y generosos resuelve todos sus problemas. Por tener la fortuna de contar con ellos, pude resolver los de esta ocasión en medida aceptable para intentar un análisis objetivo y que considero útil, aunque no de la amplitud en cuanto al período de análisis de cinco años que me había propuesto. Este enfoque dinámico o evolutivo, que hubiera sido muy sustancioso para un extenso capítulo adicional, requeriría de mucho más personal de apoyo y tiempo que el disponible y conveniente para que el trabajo pudiera aprovechar la oportunidad en que reaparece, casi cotidiana, la crítica a las empresas públicas o de participación estatal.

2. LA INFORMACIÓN UTILIZADA Y LA AMPLITUD DEL CAMPO DE ESTUDIO

Para el análisis que aquí se presenta, elegí, para los aspectos cuantitativos, el año 1981. Si bien el año 1980 era una alternativa viable de trabajar, aquél entrañaba más méritos analíticos. Los dos hubieran requerido más del doble del tiempo de realización preestablecido. El de 1982 representa un año que el lector podría haber propuesto por su obvio especial interés. Sin embargo, en el transcurso de 1983, cuando el estudio prácticamente estaba concluido, no era todavía posible obtener la información indispensable para analizar el desempeño de las empresas en ese año y la situación en que los fenómenos que en él se produjeron las dejaron. No cabe duda que un estudio posterior de las empresas industriales de participación del sector público en 1982 será de muy especial interés para ampliar el de 1981 que ahora se presenta y que no lo corregirá, seguramente, en lo que se dice e ilustra y, en cambio, dará una continuidad de gran riqueza.

Fue 1981 el año en que la industria nacional, en su conjunto, alcanzó los mayores niveles de capacidad, operación y producción, y al mismo tiempo, en su último trimestre, en el que se presentó no sólo el frenaje de varios años de prosperidad, sino el inicio de la caída más vertiginosa registrada desde la crisis mundial, llegando a niveles que significaron, en casi todas las actividades, retrocesos que todavía hoy, a fines de 1983, no se puede decir que se han detenido. También en las empresas de participación estatal en general, este año fue el de mayor actividad y eficacia y, por tanto, resulta ser indicativo de su capacidad y potencial como conjunto.

Aunque tanto en el texto como en los anexos menciono los orígenes de la información utilizada, conviene hacer saber que las fuentes para la de las empresas fueron obligadamente numerosas, tanto por no haber encontrado una que concentrara la totalidad de los datos básicos de todas las detectadas, como por la conveniencia de acudir, en muchos casos, a las que lo originan, o sea las empresas mismas o las instituciones accionistas (que, en la mayoría de los casos, la reciben en primera instancia directamente de aquéllas), con el propósito de disminuir al mínimo posibles errores.

En todos los casos que tuve noticia de que la información de alguna empresa estaba publicada en "informes de labores" o "memorias", la que se consigna es resultado del contraste con la obtenida directamente.

Para algunos casos se obtuvo, adicionalmente, información que proporcionan las cámaras industriales.

Al inicio del estudio quedaron identificados 429 organismos descentralizados y empresas *industriales* en operación o con sus instalaciones en construcción, en los que el sector público tenía, en 1981, participación accionaria no menor al 10%. Así pues, la tarea se inició con el trabajo de investigación de los datos básicos de estructura financiera y operativa de este número de entidades. Esta labor terminó, después de seis meses, con la obtención de información completa de 294 y con parcial (a veces nula) de las 135 restantes. De éstas, 65 son filiales o asociadas de las 294, cuyas cifras de estructura financiera, ventas y empleo no están consolidadas en la información que se presenta de éstas.

Posteriormente se ordenó la información de las 294 mediante agrupaciones. La primera por entidades públicas inversoras, configurándose tres grupos industriales: Grupo Gobierno Federal; Grupo Nacional Financiera y Grupo FISOMEX que, en conjunto, comprenden tal cifra.

Sobre la conformación de estas agrupaciones hay que

advertir que hay algunas empresas y organismos públicos que, por su magnitud, trascendencia y propiedad estatal del 100% del capital social o patrimonio, son objeto de control operativo directo del ejecutivo y presupuestal en el presupuesto de la federación, pero que hay otros, en los que el gobierno federal posee también directamente participaciones mayoritarias o totalidades accionarias, cuya administración está, sin embargo, encomendada por dicho gobierno a instituciones financieras del sector público, mediante mandatos o fideicomisos. El orden de importancia de estas instituciones, en cuanto al número de empresas que administran, es el siguiente: Financiera Nacional Azucarera; Nacional Financiera, S.A., y FISOMEX, que sólo tenía encomendada una en 1981.

Considerando lo anterior y con el fin de dar realismo a la configuración de los tres grupos industriales, no atendí a los catálogos que de sus respectivos grupos de empresas dichas financieras divulgan o utilizan internamente. Se hicieron, partiendo de ellos, los cambios correspondientes, traspasando al grupo del gobierno federal las empresas de las que es su legal propietario. Esta relocalización se llevó a cabo, incluso, con las empresas de participación del FOMIN,[1] cuya inclusión en el estudio, explicándola de paso, se justifica, no obstante el carácter temporal de las inversiones accionarias estatales que realiza, no sólo por la importancia que en los últimos años ha venido adquiriendo como entidad pública inversora industrial, que, en 1981, ya era destacada (por el número de inversiones nuevas y acumuladas), sino también porque dicha temporalidad, en la mayoría de los casos, se da por períodos largos.

Las empresas agrupadas en la forma antes dicha fueron objeto de una segunda agrupación, que las divide, según su posición en los mercados de sus productos, en

---

[1] Fideicomiso de participación accionaria industrial, dotado con recursos del gobierno federal, radicado en Nacional Financiera, S.A., que puede participar hasta con el 49% del capital de una empresa. Sus participaciones en el capital de empresas le dan todos los derechos corporativos de designación de consejeros y comisarios.

monopolios y empresas de competencia. Cada grupo industrial aparece dividido en esta forma en sus correspondientes tablas del Anexo Informativo, pp. 132-158.

Finalmente, en tablas adicionales, que ya tienen carácter analítico, se presenta una tercera agrupación, atendiendo a rangos de participación porcentual accionaria del sector público. Con este enfoque se conformaron tres clases de empresas: de 10 a 24% de participación, de 25 a 50% y de 51 a 100%.

Esta última agrupación difiere de la que podría haberse hecho con las definiciones gubernamentales de: Empresas de Participación Estatal Minoritaria (de no menos de 25% a 49% de participación) y Empresas de Participación Estatal Mayoritaria (de 50% a 100%).[2] De haberse aplicado estos criterios no se revelaría la posición real de control en un gran número de empresas y el estudio hubiera dejado fuera de su campo a 78 en que el sector público participaba, en el año de estudio, con menos del 25% que, no obstante que en lo particular y como conjunto revisten gran interés dentro de la estructura industrial de injerencia directa del estado, no son normalmente, como si no existieran, objeto de consideración por los interesados en el tema.

Ya indiqué que, adicionalmente a la información que en forma completa se pudo obtener para las 294 entidades con que se integraron los tres grupos mencionados, se contó con algunos datos de otro gran número. Dado que los valores conjuntos financieros y operativos captados son importantes (a pesar de las omisiones que no pude subsanar) y de que sus productos amplían sustancialmente el grado de integración e injerencia industrial del estado, se incluyeron en el Anexo Informativo concentrados con los números de grupo IV y V. En el primero se conjuntan las 65 que son filiales o asociadas industriales de las 294 y, en el segundo, otras 70, no filiales, sino matrices también industriales, que cuentan con par-

_____
[2] Según la Ley Orgánica de la Administración Pública Federal.

ticipación pública en su capital social de 25% o más. En esto último sí seguí los dos únicos grupos de la clasificación gubernamental por participaciones minoritaria y mayoritaria, debido a que no pude llegar a determinar con precisión los porcentajes de inversión estatal y si existían otras con porcentajes de participación menores al 25%. Los datos que se consignan para estos dos grupos IV y V se utilizan, en los momentos oportunos de la exposición y análisis, como un complemento mínimo de las magnitudes de las 294.

En cuanto a las empresas filiales o asociadas, es conveniente hacer notar que en los diferentes ensayos, conferencias o declaraciones sobre empresa pública se hacen sólo meras alusiones de ellas. Normalmente se fija la atención en las matrices de 25% o más de participación estatal, con lo cual no se revelan las verdaderas magnitudes con que las empresas de participación estatal contribuyen a los activos, ventas y empleo industriales del país. Para dar una idea de estas omisiones, basta señalar que las ventas consignadas de sólo quince de estas filiales (únicas para las que se contó con tal información y que no están consolidadas con las cifras de sus matrices) sumaron, en el año de estudio, la cifra de 150 mil millones de pesos y que el personal ocupado por únicamente 32 (o sea la mitad) fue de 17 400 personas.

Inicialmente tuve la duda de incluir en la edición de imprenta las tablas de trabajo en que agrupé la información básica de cada una de las empresas y sólo utilizar cifras agregadas. La consideración de que la información detallada, por sí misma, permite conclusiones adicionales y, además, sería útil para otros analistas y para la futura ordenación con fines comparativos de la de 1982 y que, además, su difusión contribuiría a despertar interés sobre un tema de importancia nacional, me llevaron a la decisión final de incluirlas en el Anexo Informativo. Si estos propósitos se logran, este libro habrá cumplido una tarea adicional, más importante que la de exponer las tesis del autor.

3. PROPÓSITOS DEL TRABAJO

Dado que el estudio que se presenta no tiene propósitos pedagógicos ni pretendo con él actualizar documentos o libros que los interesados pueden tener a su disposición; que, además, enfoco un año de operación industrial estatal que no ha sido públicamente objeto de análisis —elegido por razones explicadas— y que tampoco pretendo "enmendarle las planas" a otros estudios que tratan de su asunto, no me apoyo en la bibliografía que me es conocida y que indico para noticia del lector.

Adicionalmente, dado que la información en que se basa el estudio es inédita en cuanto a su amplitud y detalle,[3] de hecho hubo que empezar, como ya se dijo, por obtenerla, clasificarla y agruparla; tampoco puedo tener la pretensión de hacer contrastes con cifras propaladas por representantes de los sectores público y privado.

La intención del libro es exponer tesis que son producto de reflexiones, ponderadas y sustentadas con la última información de que podía disponer, sobre mis experiencias y observaciones tenidas en los últimos diez años, de un período de veintisiete de economista industrial en los sectores público y privado, pasados en contacto íntimo e ininterrumpido con un gran número de empresas de participación o propiedad pública y con sus administradores.

Estas tesis, por no derivar sólo de consideraciones economicistas, microeconómicas o sectoriales, sino también de los efectos últimos que la participación directa del estado en la industria hace sentir en el ámbito macroeconómico y en la vida ciudadana del país, se dividen en dos clases: las que atañen a la política económica del estado respecto al desarrollo industrial del país y las que derivan de ciertos enfoques de la economía política.

Como creo que este trabajo conviene que sea amplia-

---

[3] Esta afirmación que se hace para la del año 1981 que aquí se utiliza, es válida para la de cualquier otro año. No existen estadísticas publicadas de la estructura y operación del sector paraestatal. Sólo la hay para algunos organismos descentralizados y empresas sujetas a control presupuestal.

mente leído —qué autor no lo piensa aunque no lo declare
tan simplemente—, tuve la preocupación constante de que
su texto no fuera académico, pero sí reducido, porque
bien sé y sufro, como muchos, lo que ahora nos cuestan
los libros. Esta preocupación reductiva dio a este trabajo
el carácter deliberado de resumen, que expone sólo lo que
consideré medular de un texto que fue más extenso.

4. ADVERTENCIAS

Si bien el tema de las industrias de participación estatal
padece de un amplio desconocimiento en términos objetivos, goza de un gran poder de atracción subjetivo. Por
esta razón, siempre resulta difícil abordarlo en su totalidad en forma breve. Además de sus múltiples facetas,
que dan cabida a comentarios y opiniones de prácticamente todo tipo de personas, el tema, en general, ejerce
un inagotable interés y los oyentes o lectores avivan su
capacidad de cuestionamiento en forma sorprendente. En
realidad es un tema que tiene un gran potencial polémico
y posibilidades de desarrollo de la conciencia social, pues
su extensión no reconoce prácticamente límites; se empieza por hablar de una empresa en particular y el diálogo,
rápidamente, se extiende, en términos de discusión, a
las finanzas públicas, a la moralidad gubernamental y a la
realidad política.

Ante la situación anterior, los que nos aventuramos a
analizar y tratar el asunto públicamente corremos el riesgo
de no dar satisfacción cabal al público que nos presta
atención y mayor aún si la relación es a través de un texto que dicho público tiene que leer sin la presencia del
que lo escribió. Cierto temor a esto me lleva a hacer algunas advertencias iniciales:

No fue nuestra intención, desde un principio, agotar
el tema, ni siquiera tocar todos los subtemas en que puede
dividirse. Dos razones principales hubo en esta decisión:
la primera fue la de pensar que, por razones de necesidad

pública, hay que hacer un esfuerzo *prioritario* de comunicación para cubrir un hueco que me parece existe en el conocimiento de lo que las inversiones industriales del estado son en cuanto a montos de inversión gubernamental; actividades productivas penetradas; empleo desarrollado y resultados de su actividad, principalmente volúmenes de producción y excedentes generados. La segunda razón derivó de la consideración de que, en busca de economía de tiempo y de espacio, no resultaba necesario abordar temas particulares que otros investigadores han tocado, como son aquellos en que se aplican las técnicas de análisis financiero y de administración. Estos aspectos, por tanto, no se tratan en este trabajo.

Las preocupaciones fundamentales fueron las de dar a los lectores una exposición sobre lo que podríamos llamar, y que desgraciadamente no se encuentra en otra parte, la anatomía descriptiva de este sector industrial (con el mayor detalle que fue posible de cada empresa constitutiva), así como, siguiendo con símiles de la ciencia médica, otras relativas a su fisiología y patología, en cuestiones que afectan o amenazan afectar al organismo nacional.

Así pues, el trabajo no repite o reelabora diagnósticos sobre la eficiencia en términos financieros o técnicos de las empresas de inversión estatal, ni se mejoran o transcriben análisis de su administración a la luz de las teorías administrativas. Estas cuestiones, realmente importantes, que, vuelvo a repetir, ya han sido preocupación de especialistas cuyas útiles conclusiones están publicadas,[4] las he pospuesto en mi lista de intenciones de investigador y analista, para un futuro cercano con el afán de ayudar en la labor de actualización de lo que se ha dicho; creo que lo que aquí se publica me ayudará a mí y a otros a ello.

Por ahora, en mi ánimo, resulta urgente que la socie-

---

[4] El lector puede remitirse, entre otras publicaciones, a Jorge Barenstein, *La gestión de empresas públicas en México*, CIDE, 1982; A. Carrillo Castro, y S. García Ramírez, *Las empresas públicas en méxico*, M.A. Porrúa, 1983; J. Ruiz Dueñas, *Eficacia y eficiencia de la empresa pública en México*, Edit. Trillas, 1982.

dad deje de oír solamente lo que a mi parecer ha venido siendo casi un monólogo sobre las industrias estatales y de participación estatal, y acentuar la discusión de sus cuestiones fundamentales: ¿por qué la existencia y desarrollo de la acción industrial directa del estado? ¿Para qué su fortalecimiento? ¿De quién y por qué la ofensiva contra las empresas de inversión estatal? ¿Por qué no operan mejor? ¿A su ineficiencia corresponde su venta o su corrección? Estos temas son sobre los que se discurre en este trabajo, derivando, de todos ellos, el significado y trascendencia social y política de ese conjunto industrial que es hoy el más poderoso instrumento de intervención del estado en la economía o, en el lenguaje gubernamental, para la rectoría económica del estado.

Finalmente, otra advertencia importante: como se verá, cada uno de los subtemas que trata cada capítulo no tiene un desarrollo detallado o exhaustivo. No se dice por tanto en ellos "la última palabra". Más bien se prefirió destacar las múltiples facetas que cada subtema tiene y dejar al lector campo para su propio juicio, libre de prejuicios que el autor podría imbuirle. Por esto, el trabajo tiene mucho de un ensayo. Esto, obviamente, compromete en cierta forma al autor a ahondar en cada capítulo. De hecho cada uno puede dar origen a un libro. Ojalá éste despierte el interés en otros que podrían ayudarme en tal tarea.

El trabajo presente partió de una amplia y dificultosa investigación para obtener su información y, por otra parte, requirió, además, de la depuración, ordenación, tratamiento y mecanografía de multitud de cifras. Estas labores no pueden ser de una sola persona. A las que me brindaron su desinteresada colaboración quiero y debo expresarles mi agradecimiento. Ellas fueron: Sergio Luis Cano, Esther Cortés, Rosalía Huelgas de Espinosa, Carmen Jasso Suárez, Francisco Ramírez España, Rosalba Rodríguez, Gonzalo Salazar y Pedro Villalón Rodríguez.

Noviembre de 1983

II. LOS ASPECTOS FUNDAMENTALES DEL TEMA EN LA ACTUALIDAD: UN PLANTEAMIENTO GENERAL

En la introducción se indicó que son dos los propósitos de este libro. En orden de importancia: contribuir a extender y difundir lo que en México entraña realmente el concepto "las industrias paraestatales" o, en su designación de más cobertura, "las industrias de participación estatal"; en segundo lugar, exponer algunos puntos de vista del autor sobre lo que la existencia de éstas representa y trasciende hoy. En resumen de tres palabras: divulgar y opinar. Y esto último, más con base en la experiencia y el conocimiento de la realidad, que utilizando los cánones de la teoría.

Sin embargo, dos preguntas iniciales se plantean forzosamente: por qué y para qué lo anterior. Las respuestas, por su complejidad, ameritaron el presente capítulo.

1. EL INTERÉS SOCIAL

Las cifras que se proporcionan en el capítulo III y en el Anexo Informativo revelan que las inversiones del estado mexicano han alcanzado tales magnitudes y proporción dentro de la inversión total industrial del país, y a presentar tan amplia diversificación durante un proceso acumulativo y extensivo de escasos cincuenta años que, en la actualidad, resulta incomprensible el crecimiento económico del país sin el conocimiento de sus montos y de las actividades en que se fincan.

Por otra parte, el número de empresas en que ha cristalizado tal cuantía de recursos públicos debe hacer de su forma de administración una cuestión de amplio interés nacional que hay que fomentar. Saber del desarrollo cuantitativo y cualitativo de este proceso de inversión es indispensable también para comprender, con mayor claridad, la historia de México en más de la mitad de los años ya transcurridos de este siglo. Pero hay algo más, las inversiones industriales del estado no sólo son datos que aclaran mucho del pasado y la realidad presente. No hay duda que serán también determinantes sustanciales del futuro nacional.

Sin embargo, la gran mayoría de la población, aun la de sus estratos ilustrados, no tiene conocimiento, incluso resumido, de la gran estructura industrial que las empresas en cuestión constituyen hoy. De esta ignorancia padece, incluso, la mayoría del gran contingente humano que las hace funcionar. Su trascendencia en la vida cotidiana del ciudadano más común y del medio no está tampoco en sus conciencias, no obstante que sus actividades en conjunto la hacen omnipresente. Todo habitante en nuestro país es comprador diario del estado, en alguna manera y distintas medidas, de casi todo lo que consume o utiliza: transportes terrestres y aéreos, teléfonos, telégrafos, energía eléctrica, combustibles, alimentos básicos y no básicos, telas de algodón y de otras fibras, ropa, aparatos domésticos, automóviles, ciertas medicinas, aceros para construcción, cemento, maderas, periódicos, etcétera.

Por su parte, un gran número de comerciantes e industriales comercian y transforman en sus negocios un gran catálogo de productos que adquieren de empresas de propiedad o participación estatal: materias primas de diversos tipos, energéticos, equipos, etcétera.

No sólo hay desconocimiento sino, también, distorsionada información. Esta doble situación ha creado, y hoy se aprecia fácilmente, la idea, muy extendida, de que el estado es, a la vez que benefactor todopoderoso, un ente caprichoso, totalmente ineficiente y confundido en su acción directa de "empresario industrial".

Es indudable que esta ignorancia y deformación informativa populares sobre el actuar industrial directo del estado, en cuanto a sus magnitudes sectoriales y globales, campos de actividad, administración y propósitos, así como de sus razones actuales e históricas, son parte, tanto en las causas como en las consecuencias, del bajo nivel político en que se encuentra la sociedad mexicana. Pero, para las mayorías, es no tener idea cabal del país en que viven y tampoco les permite considerar razonablemente los argumentos críticos que se hacen y los caminos alternativos que se le proponen para el desarrollo nacional futuro, quedando así inermes y pasivas ante el avance de intereses minoritarios.

Resulta pues necesario, y ahora más que nunca en que el país se enfrenta a una crisis severa en que por fuerza todo se debate, pero principalmente la forma de gobernar y los límites de la acción estatal, esparcir la información para contribuir a destruir mitos en que se fundan propuestas de acción y con que se explican acciones que no tuvieron propuesta. Este conocimiento es indispensable para aquilatar, y en su caso evitar, decisiones de gran trascendencia futura. Para esto hay que eliminar a los "intérpretes". Urge que las realidades se muestren para que el juicio libre las considere y juzgue con mayor certidumbre. Esta urgencia se presenta ahora por el hecho de que un gran número de las empresas de participación estatal están, hoy mismo, sujetas a un juicio sin audiencia popular y con características de sumario. En realidad lo que se juzga no son las fallas y las medidas correctivas, sino la integridad o existencia y desarrollo del más poderoso instrumento de intervención del estado en el ámbito económico y del que puede serlo, aún más, en la evolución social del país.

2. LA CRÍTICA: ARGUMENTOS Y MOTIVOS

El ejercicio de la crítica es libertad y necesidad. Es también obligación en las ocasiones en que puede contribuir a la reflexión o a la acción. En estas circunstancias se escribió este libro y no con el fin de introducir un suceso en un vacío de crítica, pues éste no existe.

De hecho la crítica a las empresas de inversión estatal ha sido siempre relativamente abundante. Pero hoy se ejerce públicamente casi todos los días. "Las paraestatales" se han puesto de moda y la crítica es de frente, más bien dicho, se enfrenta a ellas. Así pues, las importantes cuestiones a analizar no son la indiferencia, sino los argumentos que se esgrimen, su origen y los resultados. Respecto a los argumentos, la mayoría de ellos son ahora pobres y anticuados en la mayor parte de los casos. Sin embargo, una serie de juicios —algunos son ya sentencias— extraídos de tal argumentación han trascendido ampliamente en el país y en el extranjero y se han convertido en lo interno en voz popular, debido a la mencionada ignorancia generalizada. También por ser estos argumentos y juicios los mismos que se repiten desde hace décadas, se han vuelto incluso "creencias".

Por supuesto que la crítica no tiene sólo un origen. Hay que distinguir la que pretende mejorar la eficiencia y la eficacia social de las empresas, de la que persigue cambiar su propiedad y con ello las condiciones de la competencia en el mercado. La primera es intelectual y política y la otra de negocios y política también; a distintos intereses, distintas actitudes y distintos enfoques y planteamientos. Estas dos clases de crítica si bien contienden, muy a menudo coinciden en sus juicios.

Sin embargo, en ambas, la insuficiencia cualitativa está presente. El común origen de esto vuelve a ser en parte la poca información que se publica, sólo que en una (y esto es una realidad visible muy importante) tal situación le produce impotencia objetiva y propositiva y abona en buena medida a la otra, que gana con ello más credibilidad y hoy, al parecer, más efectividad política, pues ha capilarizado incluso los altos niveles del gobierno, que ya participan de algunas de las creencias y juicios condenatorios; aunque este hecho no debe atribuirse sólo a convencimiento, sino también a una postura gubernamental ante la crisis económica y, a la vez, determinada por la pérdida indiscutible de prestigio que ha venido acumulando la administración pública durante quince años, hasta convertírsele en serio problema político que lleva a transacciones.

Por lo anterior, resulta comprensible que, ante la crítica que llega a proponer el cierre o traspaso de empresas de participación o propiedad estatal, la defensa gubernamental sea tan pequeña, general y débil en su argumentación, aun cuando puede disponer de toda la información cualitativa y cuantitativa necesaria que podría sustentar una serie de hechos operativos reales y argumentos sociales y políticos que conformarían una defensa racional, objetiva y convincente. De esta incongruencia aparente participa también el partido político oficial, no obstante que la crítica de plataforma negocios-política se canaliza también por medio de sus voceros y representantes en los partidos de oposición y no sólo por las cámaras de industriales y comerciantes y organizaciones patronales. La defensa que hace el PRI se contenta, principalmente, con victorias no definitivas en debates camarales y en forma de discurso, pero sólo tímidamente sale a la calle.

Tampoco argumentan sólidamente en pro las agrupaciones sindicales de adhesión gubernamental, incluso las de los trabajadores de aquellas empresas estatales que se toman como ejemplos eternos para apuntar la crítica. La misma actitud mantienen sus directores o gerentes.

La crítica de los negocios se centra, más que en la existencia —aunque en ella también abunda y a ella tiende finalmente—, en la administración de las empresas. Ineficiencia y falta de honradez son las acusaciones realmente graves que se hacen, casi siempre, a unas cuantas que invariablemente se utilizan como ejemplos, ya que no se tienen o se quieren utilizar datos de la gran mayoría. A estas acusaciones, indebidamente generalizadas a las empresas, el gobierno, sindicatos oficialistas y partido gubernamental responden defendiendo precisamente su existencia, invocando el ideario de la Constitución en cuanto a fines sociales y al derecho y razones del gobierno para poseerlas y operarlas.

No cabe duda de que la acción defensiva del gobierno sería más vigorosa si la mala administración y la corrupción no fueran frecuentes. La primera simplemente no la debate. La segunda empieza a hacerlo pública y notoriamente en respuesta a las proporciones inocultables y al escándalo. Lo cierto es que no se quiere tampoco correr el riesgo de dar origen a una polémica en que entraría a juicio forzosamente no sólo la administración de las empresas, sino gran parte de la pública, con sus consecuencias políticas. Sin embargo, el debate de estos problemas entre las autoridades sí existe y frecuentemente enfático, pero dentro del ámbito gubernamental exclusivamente. De lo que se deja filtrar y que se puede mencionar porque está publicado, hay poco que realmente sea sustantivo y salga de la evasiva acostumbrada. Por ser poco, es conveniente consignar algo que, además, es importante por la relevancia de quienes lo han dicho y contrasta con la débil posición actual del gobierno:

El secretario de Programación y Presupuesto, Miguel de la Madrid, dijo ante un grupo de funcionarios y directores públicos:[1] ''Como política expresa, se busca desarrollar la capacidad dicisoria y operativa que dé a la empresa pública la flexibilidad necesaria para operar más eficazmente como instrumento de la política gubernamental del desarrollo.

''. . .Debe buscarse establecer un seguimiento y control de resultados en cada entidad, a la luz del tipo de actividad específica y los objetivos de política que les sean asignados. . .

''Debe señalarse que la estrategia descrita no garantiza por sí misma el éxito de la empresa pública mexicana frente a los retos que plantea el desarrollo económico y social del país. Es necesario que ante el derecho, la planeación y la organización se acompañe también de la responsabilidad política del empresario público.

''Asimismo tampoco deben admitirse las diatribas de algunos simplistas, esquemáticos o dogmáticos que buscan respuestas sencillas,

---

[1] Fragmentos de la conferencia dictada a principios de 1981, como participante en el programa de desarrollo de la alta dirección de la empresa pública, reproducida en ''La empresa pública en México, factor de desarrollo económico y social del país''. Centro Nacional de Productividad, agosto de 1981.

elementales y precisas a problemas complicados y que impresionan con sus argumentos y falacias. Los empresarios públicos deben pues tener presente el origen y objetivo social de las instituciones que dirigen, de las instituciones a las que sirven, así como la perspectiva del compromiso que tienen ante los sectores mayoritarios. . .

". . .Las empresas públicas, el sector paraestatal, lejos de ser una acumulación fortuita de actos improvisados de gobierno, constituye la herencia económica, social y política más importante con que el estado de la revolución ha dotado al pueblo de México, es el resultado de un prolongado esfuerzo, es el resultado de una continuidad y es el resultado también de una inusitada visión histórica de la sociedad mexicana organizada."

En el mismo foro citado, el subsecretario de la Industria Paraestatal declaró:

"Tal vez el problema, que distrae la óptica del analista y lleva a desfigurar las cosas o a entorpecer la percepción de sus colores, radica en encuadrar como sociedades mercantiles, esto es, comprometidas con el ánimo del lucro y justificadas por éste, a las de participación del pueblo, por el conducto del estado —sobre todo cuando éste es dueño absoluto del capital—, que si algún lucro persiguen, haciéndolo bien o mal, es el beneficio popular.

"En cambio, comprendiendo su origen y su propósito, habría que preguntarse y responder, lo que ya no es tan fácil practicar por la ruta de sumas y restas en dos columnas, cuánto y qué ganó o perdió el país con la operación de la entidad; lo que ésta hizo dentro del proceso de producción y distribución que se encauza, directa y solamente, al beneficio social, que por definición rechaza el lucro particular; lo que pudo y no pudo hacer, a la luz de los apoyos que recibió y de las restricciones que individualmente experimentó para adelantar en el programa nacional de la justicia y la equidad. . .

". . .Es posible asegurar, categóricamente, que numerosas empresas paraestatales ganan, y no poco, incluso a la luz del criterio más común y estrecho de lo que es el rendimiento; que otras han pasado durante los últimos años, y para decirlo en los términos coloridos que tanto se manejan, de números 'rojos' a 'negros', y que muchas han visto disminuir constantemente sus pérdidas."

Ahora, ante la impasibilidad del gobierno, la ofensiva del sector privado continúa, llegando incluso, recientemente, a declarar públicamente que las empresas estatales deben "pasar a las manos del sector privado que es quien sabe administrarlas"[2] y que son centros de ineficiencia y corrupción y, en muchos casos, extensión indebida de la acción gubernamental.[3] Las publicaciones de información a los hombres de negocios también difunden juicios adversos "intelectualizados" y "filosofados" sobre las empresas en que el estado es inversionista.[4] En esto es importante hacer notar que hace veinticinco o treinta años, los principales organismos empresariales no tenían una posición tan coincidente como la que hoy muestran entre sí, respecto de la forma de ver y considerar a las empresas estatales y, en extenso, de la intervención del estado en la economía. Para comprobarlo basta leer las publicaciones[5] y libros que editaba la Cámara Nacional de la Industria de la Transformación. En aquel entonces, otros eran sus ideólogos y diferente era aquella posición de pioneros de los empresarios mexicanos frente a las grandes empresas extranjeras que destruían o absorbían a sus pequeñas y medianas juveniles industrias. Pero otro era también el tamaño y extensión sectorial de las empresas de propiedad y de participación estatal. Hoy, bien visto y extendido el mestizaje de los capitales mediante uniones por conveniencia o debilidad y ante la ley, el gran empresario competidor a vencer, por compra, o a aliar y neutralizar mediante su participación, es el estado.

Las reflexiones anteriores llevan a otro hecho de interés

---

[2] Presidente de la CONCANACO en Chihuahua.

[3] M.J. Clouthier, en televisión. Programa "Contrapunto", en julio de 1983. Adicionalmente el 20 de octubre de 1983, *El Heraldo de México* publicó lo siguiente: "El empresario no puede renunciar a la herencia de actuar con libertad creativa, a pesar de que el estado intente resolverlo todo limitando al individuo y coartando su acción emprendedora; ya que en los últimos años ha presenciado pasivamente el avance acelerado en la economía del sector público y el rezago del privado". . . "Corremos el riesgo de quedar rezagados, de ser avasallados por un sector público que continúa ampliando su campo de acción en el área económica". . . "Economía mixta ha llegado a un momento crucial. No podemos sólo puntualizar pasivamente nuestra insatisfacción ante la mezcla del sector público y privado en el sistema económico mexicano". (Reportaje sobre las declaraciones hechas por el señor Mario Garza González, presidente del Centro Patronal de Nuevo León, en la Asamblea Nacional Ordinaria de la COPARMEX).

[4] *Expansión, Análisis Económico*, etcétera.

[5] *Jornadas Industriales* y *Transformación Informa.*

analítico. Mientras que las tesis de la crítica independiente e intelectual concluyen, casi invariablemente, en que la situación precaria de algunas empresas y organismos industriales estatales es debida, en su mayor medida, a una deliberada política de concesiones y *precios* bajos a las empresas privadas, los críticos negociantes de ahora la aceptan al cuestionarlas con juicios sustentados en la rentabilidad y en lo deficitario e inflacionario que resultan para el país los subsidios que el gobierno tiene que darles debido a que sus costos son superiores a sus *ingresos*, proponiendo, paradójicamente, como soluciones apropiadas, su cierrre o su venta, pero en ningún caso la adecuación de los precios a los costos.

La comprensión de esta situación requiere enfocar no tanto —hay que tener cuidado con la semántica— incongruencias como contradicciones que el sistema económico produce en forma natural, con diferentes grados de agudeza según los tiempos, o dicho con la connotación de los economistas, según la coyuntura. En la de ahora, parte de la explicación de estas formas de ver las cosas se encuentra en que tanto el sector público como el privado requieren, para hacerlas sobrevivir, capitalizar sus empresas con rapidez, pero cada uno con la mayor que puede. Se compite así por la captación del ingreso de los consumidores con sucesivas alzas de precios. Es obvio que en la "rapidez" el estado sobresale, y en cuanto a "los consumidores", todas las del sector privado tienen este carácter ante las empresas públicas. Sin remedio se plantean estos conflictos, no sólo de nuestro capitalismo subdesarrollado, sino de la "economía mixta" mexicana. Sobre este asunto se abundará más adelante.

Resulta también digno de observar que los representantes institucionales de los industriales privados, que cuestionan en nombre del interés nacional, no hagan también juicios de la operación y administración de las empresas que representan y sirven. Tampoco, de hecho, el gobierno lo hace. Aquí también resulta necesaria para el país la crítica, pero en mayor medida la autocrítica. Ésta, de inaugurarse, revelaría situaciones comunes y denominadores comunes . Varios autores, con mayor razón, señalan la general ineficiencia industrial mexicana, sin salvar de la responsabilidad a uno u otro sector. El privado debería encomendar a sus organismos estudiar las causas de esto y también sus consecuencias, tanto para el país como para el propio sector público que abastecen, pues en las interrelaciones industriales se observa claramente cómo las ineficiencias se trasladan. En esto, como se ve, se padece también una gran pobreza analítica y crítica lamentable.

Es ampliamente comprobable que hay un gran número de empresas privadas que padecen insuficiencia productiva (cuantitativa y cualitativa) y mala situación administrativa y financiera. La corrupción, hacia adentro y hacia afuera, también es frecuente y el nepotismo incapaz, existente.

Hay mucho que el sector privado podría relatar, para fines aleccionadores y con propósitos correctivos, y otro tanto que el gobierno podría divulgar para explicar muchos de los problemas y fallas operacionales que sus empresas enfrentan, así como para explicar el porqué del tamaño de su ámbito productivo, tan cuestionado por los empresarios. Pero no se dice nada y quedan en el olvido el casi centenar de empresas que pasaron del sector privado al público por la incompetencia, falta de espíritu empresarial o voracidad irresponsable de sus dueños.

Ejemplos notables podrían ser explicados por algunos empresarios privados o por funcionarios públicos: cuáles fueron las situaciones adversas que encontró, por citar un caso de características muy semejantes al de muchos proyectos estatales, el grupo ICA para hacer eficiente y rentable, como hoy lo es, su complejo industrial de Querétaro, en que participa minoritariamente el estado, creado para producir equipos y maquinaria que eran nuevos en el país, como nuevas tenían que ser para ello la administración de la producción y comercialización. Cuánto de las pérdidas de sus primeros y varios años fueron ocasionadas por esto y por el boicot y contrabando de sus potenciales clientes, también industriales privados o comerciantes.

Otros ejemplos, más bien otras lecciones, resultarían si el gobierno explicara qué determinó su actual predominio en la industria siderúrgica. Qué problemas no resueltos en la gestión productiva, laboral y financiera determinaron que Fundidora Monterrey y sus filiales —las menos productivas— se hayan convertido en empresas de gran mayoría estatal junto con su gran problemática de muy antiguo arraigo, que hace difícil todavía hoy su buena operación.

Pero de fracasos privados no sólo hay historia, sino casos recientes como el del conocido Grupo Alfa, en el cual los errores administrativos, financieros y nepóticos, y no sólo los problemas de coyuntura, ocasionaron su espectacular fracaso, o bien el de 49 empresas en que participa el FOMIN, cuyos resultados conjuntos, a pesar de la ayuda y crítica constantes que dicho Fondo les ha mantenido, fueron de 139 millones de pesos de pérdidas en el buen año de 1981, estando administradas y habiendo sido creadas por empresarios del sector privado y, finalmente, en esta mínima relación de casos, por qué ha sido reducido el desarrollo de la empresa Cigarros La Tabacalera Mexicana e inferior al de su principal competidora, siendo más antigua en el mercado y dirigida por uno de los principales críticos de las empresas del estado.

Sin embargo, lo antes dicho, los casos apuntados y otros que pudieran exhibirse, no son base suficiente para levantar una crítica adversa general a las empresas del sector privado en cuanto a su administración y eficiencia, pues es obvio que el resultado conjunto de la acción privada es positivo desde el punto de vista capitalista de las utilidades, la reinversión y el crecimiento.

El análisis conjunto de los hechos y situaciones hasta aquí apuntados revela que los argumentos de la crítica del sector privado no obedecen a pruritos eficientistas y moralistas. No siendo esto, sólo pueden juzgarse como elementos que muestran la realidad de una posición irreductible en la contienda política a que se hizo alusión. Sin embargo, en el episodio o "round" que se sucede ahora hay evidencias de que el gobierno no podrá ser, como lo fue hasta hace poco, el defensor firme del campo industrial que ha abarcado ni, tampoco, el interesado en hacerlo crecer. Esto no representa un cambio simple en la administración pública, sino el inicio de una profunda transformación económica y política del país que pone a discusión no sólo la forma de su desarrollo futuro, sino su viabilidad.

3. LOS RIESGOS ACTUALES

Con base en resultados de simples operaciones aritméticas se afirma y difunde, incluso por voceros del gobierno, que la mayor parte del déficit gubernamental —y por tanto de la crisis financiera aguda por la que el país atraviesa— es debido a los subsidios que el gobierno federal otorga a sus organismos y empresas industriales. En la suma que de éstos se hace, indebidamente se incluyen cantidades transferidas a empresas, sin distinguir si los fondos fueron suministrados para cubrir pérdidas o para aumentar el capital, así como los proporcionados a aquellos organismos descentralizados y fideicomisos que fueron creados por el estado para, deliberadamente, no operar con utilidades, dados sus fines de subsidio al consumo social o a los propios sectores productivos. Estas distinciones no se hacen y, por tanto, las cantidades deficitarias atribuibles a las empresas y organismos industriales estatales se magnifican.

Como tampoco, para estos cómputos, se considera a las numerosas empresas y organismos de participación o propiedad estatal como un grupo o sistema industrial, las utilidades que un buen número obtiene no se abonan como ingresos del gobierno ni se consideran compensatorias de las pérdidas de otras. Hay manía torpe por un lado y estrategia deliberada por el otro, de no visualizar a estas entidades industriales de manera global, en la forma que sí lo hacen los grupos de empresas del sector privado, así como de excluir a aquellas en que la participación es menor al 25%.[6] A lo más que se ha llegado, por parte de las entidades inversoras del estado, es a la conformación de sus propios grupos. Este enfoque fraccional, en buena medida se debe a que sólo se atiende, dando la apariencia de valoración total, a las empresas y organismos bajo control presupuestal que, si bien son los más importantes, representan una minoría.

Pero sean las que fuesen las razones de lo anterior, hay una extendida y firme creencia social (y por tanto una realidad política objetiva) que ha erosionado el prestigio de las empresas y organismos industriales, y desacreditado totalmente el desempeño del estado como administrador de ellas y éste lo ha aceptado ya en buena medida, según actos y declaraciones de los funcionarios correspondientes.

Para el país, la anterior posición gubernamental entraña alteraciones de gran trascendencia que no se visualizarían en los meros actos de las ventas que se piden y se declara que se harán. No es, obviamente, la contabilidad gubernamental (activos y resultados) lo que solamente cambiaría. Si las ventas de empresas proliferan y si la abstención de participar en nuevas o disminuir la participación en las actuales se hacen firmes tesis y conducta de política económica, *lo que se estará cambiando, tal vez irreversiblemente, es la forma de desarrollar al país y con ello agravándose el grado de desequilibrio de las fuerzas sociales y el de la independencia económica y política del país.*

Por lo pronto, ya se registran dos hechos de la nueva administración cuya índole muestra que puede darse la

---

[6] En 1981, las empresas con esta participación fueron 78; la inversión accionaria del estado era de 6 500 millones de pesos y las utilidades netas correspondientes a éste fueron de 693 millones.

secuencia de resultados anteriores:[7] la venta de las mayorías accionarias gubernamentales en las empresas VAM (Rambler) y Renault a una empresa propiedad del gobierno francés, consumadas con gran satisfacción de mera y simple tesorería, y las invitaciones extendidas por diversos funcionarios a los inversionistas extranjeros para invertir en el país en condiciones menos restrictivas por parte de las autoridades.[8]

Como se ve, tienden a crearse condiciones complementarias que resucitarían un tipo de libertad de empresa que el país había ya enterrado con resultados positivos (y así lo reconocía el propio gobierno) desde todos los puntos de vista. Al mismo tiempo se habla de llegar a "un estado menos grande y más fuerte".

Desde otro punto de vista, resulta indudable que las decisiones de vender tenencias accionarias estatales adicionales se concretarán principalmente en las que sean rentables de aquellas que se han designado, por el lenguaje oficial, como "transferibles" por no ser "básicas" o "estratégicas". Esto plantea dos preguntas: ¿por qué

[7] A mediados del mes de agosto se dio otro hecho: las tenencias accionarias de la banca expropiada (en 285 empresas) serán vendidas a inversionistas privados. Algunas de estas tenencias son de empresas industriales que ya tenían participación estatal. De conservarlas, el estado en varios casos obtendría posición mayoritaria. Véase *El Heraldo de México*, 8 y 11 de agosto de 1983.

[8] El 19 de octubre de 1983 aparecieron publicadas las siguientes noticias referentes a las declaraciones del subsecretario de Inversión Extranjera de México, hechas en París: "A preguntas de otro empresario (francés) sobre las inversiones en el campo de la electrónica afirmó que es absurdo pensar que México pueda fabricar computadoras con capitales nacionales y que este sector está abierto a empresas con 100% de capital extranjero.

"Asimismo explicó a los empresarios franceses el alcance de la Ley de 1973 relativa a las inversiones extranjeras que como regla general no permite a los extranjeros tener más del 49% de las acciones de una empresa.

"Subrayó sin embargo que la Comisión de Inversiones Extranjeras está autorizada a aumentar o disminuir esa parte en casos especiales para beneficio de la economía de la nación" (*El Heraldo de México*).

La respuesta al empresario francés contrasta notablemente; pero al mismo tiempo explica la pregunta, con el hecho de que el gobierno de Francia, hacía unos días, acababa de fusionar sus dos grandes empresas electrónicas, adquiriendo, para ello, la participación que en una de ellas tenía una empresa extranjera. En esos días el gobierno francés también declaró, y está incluido como meta de su nuevo plan, convertir a Francia en el mayor productor y exportador de equipos de computación y otros equipos electrónicos, desplazando, al mismo tiempo, a la inversión extranjera de esos campos mediante nacionalizaciones.

se transferirían empresas rentables? Y, ¿quién adquirirá las no rentables, como llegó a serlo VAM y lo era Renault? Si la respuesta a la segunda pregunta se basa en el supuesto de que la administración privada las hará buenas empresas, tal confianza requiere ser moderada repasando los casos de las empresas matrices que pasaron al sector público, en condiciones de propiedad total, como "dación en pago" de adeudos que no pudieron cubrir sus antiguos dueños. Esta revisión de casos podría ampliarse con lo sucedido en los muy pocos de venta que en el pasado se han hecho a particulares. Como ejemplo se tiene el de la empresa Celulósicos Centauro, en que la importante tenencia accionaria pública fue vendida al Grupo Alfa a los dos años de inicio de operaciones y hoy, tres después de la venta, se encuentra en situación productiva y financiera desastrosa, la cual se pretende resolver invitando al gobierno a volver a ella suscribiendo un aumento de capital.

Pero hay algo más que ya se había empezado a apuntar en párrafo anterior: ¿quién podría adquirir, en estos momentos de iliquidez generalizada en los negocios, las participaciones gubernamentales en las "transferibles"? Al parecer sólo dos clases de inversionistas tradicionales: en el caso de las rentables de participación, los otros accionistas privados de la empresa o de otras empresas totalmente privadas con el fin de constituir o reforzar estructuras monopólicas y oligopólicas; en el caso de las no rentables, serían muy probablemente las empresas transnacionales a las que habría que preguntar cómo las harían rentables. También podría ser, como se ha dicho, el sector social organizado (se ha hablado de los sindicatos) el comprador forzado de éstas ante expectativas de liquidaciones y la consecuente desaparición de las fuentes de trabajo.

Sin embargo, el mero señalamiento de riesgos no es su eliminación y, en los aquí señalados, menos todavía si no se toman en cuenta los impedimentos actuales manifestados por el gobierno para adoptar una postura consecuente. En este aspecto del asunto es verdad que no se puede soslayar que una de las causas de la posición del actual gobierno que aquí preocupa es el gran problema presupuestal que enfrenta y que, en lo que a la parte de su sector industrial corresponde, no sólo suman los subsidios anuales necesarios para algunas actividades estratégicas sino, adicionalmente, el volumen de nuevas inversiones previsibles para el crecimiento indispensable, a corto y mediano plazos, de otros organismos descentralizados y empresas industriales ya existentes, que operan en los sectores básicos reservados a él o en los que tiene predominio: petróleo y petroquímica básica, siderurgia, ferrocarriles, etc., y en el campo del beneficio social.

Si bien a simple vista mencionar este problema presupuestal puede aparecer, digamos, prosaico, frente a los riesgos en que el país entraría por el retraimiento e inhibición industrial estatal, ciertas cifras indicativas del esfuerzo inversor, ya ineludible, destacan la necesidad de su consideración y estudio profundo que, seguramente, llegaría a la consideración de la posibilidad misma del desarrollo del país en la medida que requiere su crecimiento demográfico.

Según las estimaciones del Plan Global de Desarrollo de la administración de López Portillo, el sector siderúrgico deberá duplicar su capacidad a más tardar en 1990. Petróleos Mexicanos tendrá que elevar su producción de crudo de 2.5 millones de barriles a 3.5 en 1985 y a 4.1 en 1990, además de duplicar la capacidad de las refinerías para este último año, de llevar a cabo un gran desarrollo de proyectos petroquímicos y de ampliar las redes de distribución de gas y de otros productos. El programa de energía, por su parte, establece la necesidad de que la generación de 63 mil megawatts-hora al año (para 1980) pase a 208 mil en 1990, lo cual implica el desarrollo complementario de nuevas fuentes energéticas. Adicionalmente se plantean, en dicho Plan, la electrificación de la red ferroviaria y la modernización de vías y equipo rodante.

Las inversiones requeridas para realizar únicamente los

anteriores desarrollos suman una cifra estimada superior a dos billones de pesos, o sea, más de 250 mil millones anuales, durante 8 años, a los precios de 1981 y 1982. Más aún, de este período previsto en el Plan, dos años ya han transcurrido sin haberse llegado a invertir el promedio señalado y los tres próximos se predicen de bajo ingreso fiscal.

Ahora bien, además de la sustancial reforma fiscal, que hace falta, así como del establecimiento de mayores controles contra la gran evasión, que elevarían la capacidad financiera del estado para el mantenimiento y ampliación de su actual grupo industrial, existen otras posibilidades reales para obtener recursos adicionales para mantener, desarrollar y extender la intervención directa del estado en la industria. Éstas se encuentran, precisamente, en las empresas que ya posee o en las que es participante. Este potencial indudable en gran número de ellas se haría efectivo llevándolas a sus mayores niveles de eficiencia productiva y realismo en el mercado y, con ello, al mayor grado posible de autosuficiencia financiera para su crecimiento. Hay evidencias recientes de que lo anterior es posible.

Con relación a esto, se puede afirmar, con un alto grado de seguridad, que las 294 empresas matrices y organismos *industriales* de propiedad y participación estatal investigadas para el presente estudio, *consideradas como grupo*, llegaron, en el ejercicio de 1981, a resultados positivos, o al punto de equilibrio, según se incluyan o no a 58 entidades que recibieron subsidios federales y cuya suma produjo utilidades en su conjunto.[9] También está ya probado en la práctica que los subsidios implícitos en los precios de bienes y servicios de las empresas públicas, que no son típicos de uso o consumo popular, pueden ser eliminados, al igual que en los que son insumos de producciones que no son básicas, lo cual elevaría sus ingresos. Sin embargo, la máxima eficiencia que se requiere, que

---

[9] Véase el capítulo siguiente para la sustentación numérica de esta afirmación.

es posible y no se alcanzó incluso en 1981, no se logrará
con los sistemas actuales para el control y vigilancia de
las empresas establecidos por el gobierno, ni con las prácticas administrativas que prevalecen y en las que la crítica
acostumbrada no profundiza.

Serían necesarias no sólo las medidas anteriores para
la eficiencia, sino encarar firmemente la pugna con los
intereses privados, que no disminuiría sino que aumen-
taría por el hecho mismo de que las empresas públicas
sometidas a un régimen de eficiencia individual se desarro-
llaran como grupo, de acuerdo al proceso que es propio
del crecimiento industrial y conforme a las necesidades
de las mayorías sociales que representan la gran proporción de la demanda. Puede tenerse la certeza de que un
grupo industrial estatal más eficiente como lo piden sus
críticos, o visto desde otro ángulo, un estado que lógi-
camente sería por ello más competitivo y grande, encontraría mayor impugnación y presión de los sectores privados de la industria y el comercio. Sin embargo, entonces
sí, lo fuerte encontraría correspondencia con lo grande.

La lógica, pues, se encuentra en la posición contraria
que el estado está manteniendo: en no retroceder ante la
crítica como soluciones financiera y política, sino en resolver, dentro de las propias empresas las fallas criticadas
y aun ir más lejos. Ésta es la única solución política, a
la vez que la aceptable.

4. LA NECESIDAD DE DEFENSA Y ENFOQUE
CRÍTICO NUEVOS

Como resultado de las realidades expuestas, de las reflexiones hechas y de otros elementos adicionales que com-
pletarían el análisis, se llega hasta aquí a las siguientes
conclusiones medulares:

a] La propiedad industrial actual del estado, analizada
   como cartera accionaria (y patrimonial por los casos

de los organismos descentralizados), no tiene por qué ser onerosa, como puede demostrarse con las cifras de resultados positivos del ejercicio 1981 de las entidades industriales.

b] Por tanto, la integridad actual del grupo industrial estatal puede ser justificada ante la crítica que lo exhibe como "perdedor".

c] Que a una gran parte de las empresas de participación y propiedad estatales no se les dé el carácter de "estratégicas" —sobre lo cual todavía habría mucho que preguntar—, y que dicha participación sea menor del 25%, no son razones suficientes para considerarlas "transferibles". Esto no sólo por la función que pueden ellas permitir al gobierno desempeñar en el mercado, sino porque, en la mayor parte de los casos, las que están en estas situaciones son rentables.[10]

d] Si bien la precaria situación actual y prevista para el corto plazo de las finanzas públicas plantean una insuficiencia de recursos para el mantenimiento de subsidios de operación de los organismos de apoyo social y, simultáneamente, para la expansión imprescindible de las empresas de producciones y servicios a cargo exclusivo del estado, ésta puede ser superada, eficientándolas y dando realismo a sus precios sin desatender en esto la diferenciación social de los consumidores.

e] Las limitaciones financieras adicionales del gobierno, para mantener también en expansión el resto de las empresas que posee, se resolverían —cosa además imprescindible no sólo económica sino social y políticamente— elevando también su eficiencia al nivel potencial.

De hecho, las acciones de solución implícitas en algunas

---

[10] Según se sustenta con las cifras que se proporcionan, de no haber existido éstas en 1981, la rentabilidad de la cartera accionaria y patrimonial del estado hubiera registrado una disminución de 693 millones de pesos. Sin embargo, hay que señalar que esta disminución no hubiera llevado a pérdidas al conjunto industrial.

de las conclusiones anteriores han sido planteamientos reiterados al gobierno. Dentro del ámbito gubernamental también ha habido y hay quienes las postulan y defienden, y han logrado la emisión de disposiciones de valioso enfoque y buena intención. Todo esto ha habido y hay: pero, . . . ¿qué pasa, por qué no se crean las condiciones para el alcance de estas metas, tan necesarias ante la tendencia actual de deterioro que se observa en las empresas, derivada de la presente crisis?

La respuesta no es una sola. La primera que puede darse es que las medidas adoptadas para su control, incluso las muy recientes, no constituyen un sistema administrativo racionalmente industrial e integral, que sería el que daría también carácter de sistema operativo al grupo de empresas. Hay también otras respuestas intermedias que describirían efectos, mas no las causas primarias. Pero hay una, tal vez la última a que podría llegarse en un diálogo mayéutico y que bien podría ser la única: la forma en que el grupo industrial que nos preocupa es manejado políticamente. Con esto no se quiere decir que este dispositivo industrial debe mantenerse al margen de la Política. De ésta, de la que se escribe con mayúscula, ha surgido en gran medida. Lo que se quiere afirmar es que sus posibilidades de crecimiento, desarrollo y eficiencia, y con ello también su capacidad de impulso económico y social del país, se han venido disminuyendo en razón y a la par de la decadencia administrativa y política del gobierno. Así, hoy se encuentran las empresas entre la presión y obstáculos de los intereses del sector privado y la deficiente dirección y gestión de la burocracia política y administrativa. Decir esto no es una exageración. Se puede probar y los funcionarios públicos de mayor ciencia y conciencia, que no pueden actuar plenamente porque el "sistema" se los impide, lo saben bien.

Ya que no parece posible que la autocrítica de la organización que crea las desviaciones y los errores los corrija, son necesarios nuevos defensores, posesionados de actualizados enfoques críticos. Es necesario que alguien desarrolle un cuestionamiento más amplio y eficaz políticamente y más preciso en sus señalamientos y proposiciones. Es decir —no hay otra forma de concebirla—, *se requiere la crítica social*; la de los grupos organizados que la enderezarían no para liquidar o vender las empresas, ni para inhibir su desarrollo particular y como grupo, ni para cerrarlas por obsoletas sin el surgimiento de las modernas remplazantes. *Sólo esta crítica podría ser también de presión política*, pues sería la de los verdaderos propietarios de las empresas públicas y la de las mayorías que son beneficiadas por varias de ellas.

Esta nueva crítica para el éxito, y no para el fracaso, señalaría no sólo las fallas, sino el origen burocrático de ellas y propondría y exigiría las medidas de solución, al mismo tiempo que los caminos políticos de consolidación y desarrollo.

Temas medulares objeto de esta nueva crítica serían entonces aquellos factores originadores de la ineficiencia operativa en las empresas, y los que han ocasionado su desvío de la función promotora y reguladora de la economía nacional, y de su papel actual y futuro en el desarrollo de la sociedad.

Integrando el catálogo de estos factores se encontrarían los siguientes que afectan a las empresas en forma casi general:

☐ La situación tecnológica de las empresas en cuanto a equipos, procesos y productos.

☐ Los factores políticos y seudopolíticos en las designaciones de consejeros, directores y gerentes, así como su capacidad y experiencia reales.

☐ El funcionamiento de los órganos de decisión y sus repercusiones en la operación.

☐ La particular posición de los sindicatos ante las empresas públicas y las contradicciones entre el estado patrón y el estado autoridad laboral.

☐ La real existencia y operatividad de un plan general específico de desarrollo integrado y de operación y comercialización coordinados, así como la real operatividad de los mecanismos de abastecimiento entre las empresas y de pagos intragubernamentales.

☐ La posición crítica del sector privado y los resultados de sus acciones políticas obstaculizantes.

☐ La existencia de criterios, normas y metas propias del sector privado adoptados en el manejo de las empresas públicas.

☐ El divorcio de propósitos entre las entidades estatales titulares de la inversión accionaria y las entidades públicas que las representan en los órganos de decisión.

☐ El grado de congruencia entre los propósitos que dieron origen a las empresas y las declaraciones y acciones concretas del estado.

☐ La realidad práctica del estado como socio de empresas que alojan inversión extranjera, en sus dos casos: en las que son monopolios y en las de competencia.

☐ La posición del estado como inversionista y al mismo tiempo financiador y garante.

La crítica que se postula, tanto por su nueva temática como para su éxito, debe ser actividad central de partidos políticos progresistas, de agrupaciones obreras y de instituciones superiores técnicas y universitarias. De las obreras, tienen especial responsabilidad ciudadana y obtendrían mayores resultados y beneficios las que agrupan a los obreros que emplean las empresas en que el empresario único o copropietario es el estado. El contingente obrero y administrador que ellas conjuntan rebasa la cifra de 540 mil personas, o sea el 11% de la ocupación nacional industrial y el 18% de los empleados en las clases industriales en que las empresas y organismos operan.

Desde el punto de vista de la responsabilidad económica, el personal antes cuantificado opera no menos de 429 empresas industriales, localizadas en las actividades minera, eléctrica y manufacturera, que cuentan, según cifras mínimas por ser parciales, con activos totales de 2.1 billones de pesos y ventas de un billón; o sea, el 27%

de la producción total de estos sectores industriales y el 22% del total industrial nacional.[11]

No sólo no existe otro grupo social más cercano a la observación de los problemas y desviaciones existentes en estas empresas, sino más involucrado para su solución. Sin embargo, se podría argumentar, y en varios casos sería cierto, que si bien los obreros están cerca, en cuanto a vivencias e información, de los problemas, no tienen dentro de sus organizaciones grupos técnicos para llevar a cabo los análisis y planteamientos que se requerirían. Esta limitante, además de ser una realidad a medias, es perfectamente superable en el corto plazo. Más difícil resulta, sin duda, la toma de conciencia de los obreros de su posición y la lucha sindical para iniciar la acción. Lo verdaderamente importante es, como siempre en el terreno de la acción obrera, iniciar el proceso y no la habilidad técnica y problemas con que se echa a andar.

Muchos conflictos laborales, por otra parte, se evitarían y otros tantos tendrían más sentido y éxito que el que ahora tienen. De acuerdo con la experiencia, una gran proporción de los problemas surgen en empresas de mala eficiencia y de baja o nula rentabilidad, al igual que sucede en el sector privado. El conflicto está en la secuencia lógica del mal funcionamiento administrativo y productivo, por la interacción de elementos objetivos y subjetivos; así de compleja y sensible es una empresa industrial.

Otro buen número de casos muestra que las demandas obreras iniciales acaban, finalmente, en concesiones modestas debidas a la situación precaria de las empresas. En estas situaciones la mayor parte de las demandas y peticiones, a la postre, resulta que fueron "románticas" y, si llegan a tener éxito, agravan la situación industrial amenazando la existencia de la fuente de trabajo. Al pare-

---

[11] Según las cifras conservadoras que se exponen en la tabla VI del Anexo y las estadísticas del Sistema de las Cuentas Nacionales de México, SPP, correspondientes a 1981.

La eliminación de las empresas con menos del 25% de participación estatal no altera, incluso, como se muestra en la tabla VII del Apéndice, los órdenes de magnitud de estas cifras.

cer, en estos tiempos estas amenazas serán más reales que en el pasado.[12]

Conforme a lo que se ha señalado, en esta nueva crítica defensiva muchos son los aspectos básicos de la administración y la operación que hay que "poner en la mira" en cada empresa, pero sin olvidar —conducta sumamente importante— al conjunto de empresas que la crítica usual analizada no toca. También muchos criterios y prejuicios actualmente utilizados como patrones de comparación deben ser desechados. Se vuelve a insistir, no sólo debe aparecer un crítico adicional en escena, sino también con él una nueva óptica.

Quedan un par de cuestiones en este planteamiento general y que responden a las siguientes preguntas: ¿por qué defender a las empresas en que es inversionista el estado?, ¿para qué resulta importante la vigorización de su campo industrial?

Aunque en cierta medida lo hasta aquí expuesto responde, entre líneas, o con su lógica general, a estas preguntas, es conveniente precisar más:

Cualquiera que sea la forma en que se considere el crecimiento económico alcanzado por el país, éste reconoce en la participación directa industrial del estado su más importante elemento promotor, no sólo por lo que hoy es como conjunto de empleos, inversiones y producciones, sino porque sus actividades han sido el cimiento industrial de las demás. Sin esta participación directa, México sería hoy un país más atrasado y más injusto.

Esto no es posible ponerlo en duda, aun introduciendo el supuesto de que el gobierno hubiera dejado libre a la iniciativa privada el campo que él ha cubierto.

A lo anterior no se llega sólo razonando que el sector privado hubiera mostrado un comportamiento negligente, sino conjugando la existencia de las circunstancias siguientes, cuya vigencia se da hoy y se dará en el futuro cercano:

---

[12] Como indicadores de esto: Ayotla Textil y Uranio Mexicano y las declaraciones oficiales de que habrá empresas que serán liquidadas.

☐ El gobierno ha sido, y es todavía hoy, el único agente capaz de concentrar, mediante la acción fiscal que le es propia, el excedente económico nacional —además sin titularidad de propiedad— que ameritaron las cuantiosas inversiones industriales que ha realizado y, también, el único suficiente para captar los grandes volúmenes de ahorro externo complementario, sin comprometer la soberanía nacional, como lo hubiera hecho una política de inversión privada extranjera abierta, sustitutiva de la insuficiencia privada nacional.

☐ Las grandes inversiones estatales industriales han sido, por razones del nivel de desarrollo del país, de muy largo período de maduración y de inicio de rentabilidad. El soporte de las pérdidas de gran cuantía de muchas de ellas y en varios frentes industriales a la vez, manteniendo, al mismo tiempo, precios de promoción para otras actividades, no hubiera podido ser realizado por el sector privado.

☐ La inversión pública industrial, por otra parte, ha configurado el sector más racional de la actividad industrial del país, en cuanto a la atención de las necesidades de la mayor parte de la población. La actual estructura industrial que posee y en que participa no incluye prácticamente empresas creadas para generar productos o servicios suntuarios o de baja prioridad industrial; es decir, no atiende mercados conspicuos o especulativos.

La conducta anterior ha sido, además, el elemento de congruencia (con alto grado de operatividad real) con la política de control de precios de productos básicos, sostenedora de la mayoritaria población que no tiene incluso ingresos de subsistencia. Ha sido, pues, la operación del único medio que se puede pensar dentro de la organización económica, política y social que el país tiene, que, al tiempo que realiza transferencias de ingresos, lo hace generando y aumentando la producción. Hay fundamento en esto para suponer que el costo social de esta acción del estado ha sido el menor de los alternativos y sólo él pudo y puede realizarlo. En secuencia lógica con lo anterior, podrían identificarse gran parte de las pérdidas de organismos y empresas públicas con las deficiencias de salarios (por nivel y número de empleos) que la economía padece. Otra porción podría ser atribuida a una buena parte de las utilidades que las empresas privadas han podido realizar.

☐ Varias empresas del estado han sido eficaces instrumentos obstaculizantes de la monopolización a que tiende la economía capitalista. Otras, en que sólo ha tenido participación, le han permitido, en buena medida, esta misma eficacia y le han producido y producen ingresos compensatorios. O sea, han sido y son participaciones en buenos negocios, que procesan materias primas y otros insumos que las empresas en que es dueño absoluto o mayoritario les han abastecido a precios subsidiados y prácticamente estables en el pasado. Los ingresos obtenidos por estas participaciones minoritarias fueron y son un importante nutriente de la utilidad de la cartera accionaria de propiedad estatal.

A la luz de lo anterior, que responde al porqué y al para qué mantener la integridad del actual grupo industrial del estado y para ello la necesidad de su defensa, se hace claro también el porqué vigorizarlo y ampliarlo: no han dejado de existir las circunstancias que le dieron origen y lo han llevado a su magnitud actual. Por el contrario, los pronósticos que se pueden hacer hoy son los de su agudización: mayor contracción de la inversión y del empleo privados, mayor inflación y deterioro de los ingresos reales y mayor concentración del poder económico.

Finalmente, el crecimiento cuantitativo y cualitativo de la propiedad industrial del estado puede ser —todo dependerá de la acción obrera o de la imaginación y audacia política del estado— el mayor instrumento de democratización de la economía nacional. Por lo dicho: por el factor de crecimiento que para el país ha resultado y podría ser, y por el potencial de democratización que entraña, no debe disminuir ni congelarse, sino crecer. Éstas son las razones de la necesidad de su cuestionamiento y no otras.

III. MAGNITUDES, RAZONES Y SIGNIFICADOS DE LA PARTICIPACIÓN DEL ESTADO EN LA INDUSTRIA

Como es sabido, en un período de un poco más de cuatro décadas el país sufrió una radical transformación en su estructura económica. De un país dedicado principalmente al comercio y a las actividades primarias, con predominio de la agricultura, se llegó a una economía de preeminencia industrial, acompañada de un proceso de urbanización de la población. Ambas cosas determinaron, a la vez, que la participación de los servicios en la composición del producto interno se mantuviera constantemente en un elevado nivel. Por todo esto, el país, no obstante seguir siendo hoy catalogable dentro de los subdesarrollados, da la impresión, a la sola vista de las proporciones relativas que guardan sus grandes magnitudes productivas, de un país desarrollado o cercano a serlo. Claro está que a esta apariencia contribuye en mucho la situación de rezago en que se mantuvo la producción agrícola en los últimos años hasta llegar a la penuria alimentaria actual.

En 1940, la composición del producto interno bruto del país, a precios de 1960,[1] manifestó un 23% aportado por las actividades agrícolas, pecuarias, ganaderas, pesqueras y mineras; la agricultura por sí sola representó el 10%. Las actividades industriales, en ese año, contribuyeron con el 19%[2] y los servicios con el 47%. Estos porcentajes de participación cambiaron radicalmente en 1982 en cuanto a la producción de bienes: las actividades pri-

---

[1] Según cifras del Banco de México y de la Secretaría de Programación y Presupuesto.
[2] Excluyendo la extracción de petróleo y gas, pero incluyendo la producción petroquímica.

marias aportaron sólo el 8%, la agricultura el 5% y la producción industrial el 40%.[3] Los servicios, por su parte, representaron el 45%.

De este acelerado proceso de industrialización, varios hechos y circunstancias fueron los causantes. Dentro de las circunstancias, resulta indudable que la segunda guerra mundial, al entorpecer el abastecimiento externo del país, creó viabilidad de mercado para diversas producciones industriales que emprendieron, entre otros inversionistas nacionales y extranjeros, un gran número de comerciantes importadores en los que coincidió un extraordinario incremento de sus ingresos provenientes de la especulación con sus inventarios importados y la amenaza de finiquito de sus negocios por imposibilidad de reposición de los mismos.

Otras circunstancias favorables al crecimiento industrial mostrado, previas a la apuntada, fueron las creadas por los gobiernos comprendidos entre las administraciones callista y ávilacamachista en las que destacan la ejecución de la reforma agraria, con sus repercusiones en la distribución del ingreso, y la institucionalización de la intervención del estado en la economía, que se fue, incluso, constitucionalizando. En esta secuencia, reviste importancia principal la participación directa del estado en la producción industrial (apoyada entre otras medidas con la creación de Nacional Financiera), de la que derivaron los hechos a que hemos aludido como propiciadores del crecimiento industrial general.

Entre 1938 y 1982 el estado fue desarrollando su vocación industrial y acelerando el ritmo de su acción industrializadora, hasta convertir a la industria en la meta del desarrollo económico y al gobierno en su principal promotor, no sólo con la creación de numerosas empresas, y apoyo inversor a otras muchas, sino por el carácter innovador de las mismas. La tabla que cierra estos comentarios iniciales, que da cuenta de la mayor parte de las

---

[3] Con la misma exclusión de actividades citada.

producciones en que está involucrado el estado, ilustra en gran medida, no en toda, esta última afirmación.[4] Muestra no sólo que el estado se ha mantenido ininterrumpidamente desde entonces ampliando estas funciones de creación e innovación, sino que, además, ha sido, y es todavía hoy, levadura o verdadero auxilio de numerosas empresas de origen privado para su crecimiento o supervivencia. De acuerdo con esta tabla, entre 1940 y 1981 el estado fue:

☐ El fundador de 111 empresas que introdujeron 37 nuevos productos básicos en el catálogo de la producción industrial del país.

☐ Socio posterior en 124 más, también productoras algunas de nuevos productos, y de las cuales en 35 se vio obligado a participar en forma mayoritaria por mala situación de las empresas, o bien total, al recibirlas en pago de adeudos crediticios que no pudieron cubrir sus iniciales dueños del sector privado.

☐ En 59 adicionales, llegó a ser accionista fundador o posterior debido a que fueron creadas por empresas en que ya participaba, o bien al sumarse éstas a empresas controladoras.

1. LAS MAGNITUDES

Resulta conveniente recordar al lector, antes de entrar al tema de las magnitudes, dos situaciones de este estudio: la primera es que no sólo enfoca las entidades industriales en que el estado tiene participación accionaria total o mayoritaria, sino también minoritaria en un límite de 10% del capital social. La segunda, que si bien la investigación realizada detectó 429 entidades industriales en estas situaciones de participación, sólo pudo obtener la

---

[4] Comprende las 294 entidades industriales principales para las que se contó con información completa. Por lo tanto es una amplia muestra indicativa de lo que se afirma. La inclusión de las 135 restantes detectadas validaría aún más esta afirmación.

EVOLUCIÓN DEL GRUPO INDUSTRIAL DE PARTICIPACIÓN ESTATAL 1940-1981
(Empresas y productos por decenios)

Periodos en que se realizó la inversión estatal	Total de empresas por periodo	Inversión desde la fundación	Productos	Inversión posterior a la fundación	Productos
1940-1950	8	7	Fertilizantes,* siderurgia, papel kraft, maderas contrachapadas, extracción y refinación de petróleo, generación de energía eléctrica y equipos eléctricos industriales* y domésticos.*	1	Refinación de cobre.*
1951-1960	11	7	Papel periódico,* carros de ferrocarril,* maquinaria textil,* aceros especiales,* motores diesel* y camiones,* alimentos básicos, partes automotrices.*	4	Extracción de cobre, telas de algodón, hilos para coser, ferroaleaciones* y manganeso.
1961-1970	14	9	Alimentos balanceados, celulosa, extracción de madera, motores diesel, ácido tereftálico,* caprolactama,* electrodomésticos, maquinaria y equipo para construcción,* vehículos automotrices.*	5	Telas de algodón, azufre, plomo, cinc, cobre, plata, extracción y refinación de cobre, telas de lana.
1971-1981	126	67	Lisina,* papel periódico, nitrocelulosas industriales,* regeneración de papel periódico,* máquinas-herramienta, reconstrucción de turbinas para avión,* beneficio de barita, extracción de maderas finas, explotación de carbón, beneficio de caolín, siderurgia, cal, automóviles, alimentarios de la pesca, abrasivos,* etilenglicol, acero inoxidable,* cospeles, ácido ascórbico* centrifugas azucareras,* equipo radiológico,* tractores de oruga,* forjas y fundiciones pesadas,* fresadoras,* minigeneradores de energía solar,* turbinas térmicas, turbinas hidráulicas,* adhesivos industriales y formol, ejes automotrices, forja de precisión, maderas finas contrachapadas, pailería pesada, tractores agrícolas, interruptores de hexafluoruro,* reductores de velocidad, tubo soldado de gran diámetro,* coples para tubería de gran diámetro, vegetales alimenticios enlatados, fibras y telas de polipropi-	59	Cables conductores, grifería, bombas sumergibles, equipo de microondas, tornos paralelos,* partes para electrodomésticos, cemento, telas de algodón, mezclilla y confecciones, fundiciones, varilla y torres metálicas. Inversiones del FOMIN en 49 empresas que desarrollan diferentes actividades industriales: alimentos, bienes de capital, materias primas y bienes intermedios. En la mayoría, la participación fue posterior a la fundación.

	No.	Productos
1961¹-1981	52	leno,* diosgenina* y medicamentos, bombas de agua y aceite automotrices,* maquinado de cigüeñales,* sosa y cloro, fibra acrílica, fundiciones automotrices, caprolactama y sulfato de amonio, resinas de poliestireno, resinas ABS, ensamble de camiones, motores diesel, tractocamiones, loza y porcelana.
No precisados	24	Azúcar y subproductos.
	21	
	0	
	31	Azúcar y subproductos.
	24	Extracción y beneficio de cobre, siderurgia, giradiscos, herramientas para la minería, tubos de acero sin costura, recubrimientos industriales, papel crepado, de escritura e impresión, equipo termodinámico, bicicletas, cigarrillos, motocompresores para refrigeradores, polietileno, sosa, equipo telefónico, equipo eléctrico industrial, reductores de velocidad, electrodomésticos, aguas minerales embotelladas, aparatos electrodomésticos, vajillas, autobuses y trolebuses.
Subtotal	235	
1971¹-1981	59²	
Subtotal	111	
	124	Alimentos básicos, productos de papel para el hogar; terminales eléctricas, cables automotrices, plásticos, tubería de plástico, transformadores de extra-alto voltaje, aparatos electrónicos domésticos, confecciones con tejido de polipropileno, beneficio de cobre, cinc y plomo, equipos de perforación terrestre y submarina, enrejados soldados por resistencia, trucks para carros del metro, pailería pesada y ligera, tándems azucareros.
Total	294	

* Productos que fueron nuevos en la industria nacional.
¹ Años sujetos a rectificación.
² Estas empresas son matrices pertenecientes a grupos industriales propiedad de empresas controladoras. En la mayoría de los casos el estado llegó a ser inversionista de todas las agrupadas al endosar sus acciones, de una o más en que era accionista, a las controladoras, recibiendo en cambio acciones de éstas. En el período que se señala, las controladoras fueron creando, al mismo tiempo, nuevas empresas en las que el estado se convertía automáticamente en socio. Estas situaciones dificultan tener precisión del período del periodo de participación estatal y de si ésta fue antes o después de la fundación.

información básica contable y operativa de 294 y, muy parcial, de las 135 restantes.

Sin embargo, además de que las 294 representan el 68% de las 429, lo cual ya es una amplia muestra, las magnitudes que se presentan de las primeras significan, dado que comprenden a todas las grandes entidades y a las principales, *grosso modo*, entre el 85% y 90% de las que corresponderían a la totalidad.

En el Anexo Informativo de este libro se incluyen diversas tablas que muestran y ordenan la información total que fue captada, tanto la completa como la parcial. El lector puede acudir por tanto a ellas con el fin de enterarse del detalle por empresa, así como de la agregada de cada uno de los grupos industriales en que se dividió el gran conjunto. Si bien la consignación de esta información podría ahorrar texto dejando al lector sacar todas las numerosas conclusiones, conviene hacer un resumen puntual de las más relevantes, así como algunos comentarios de importancia:

a] En el año de 1981 las 429 inversiones industriales del estado se encontraban realizadas por las siguientes dependencias del sector público:

	Directa en empresas matrices	*Indirecta en empresas filiales*	*total*
A través de dependencias y organismos del gobierno federal (Grupos I, IV y V del Anexo Informativo)	224	28	252
A través de Nacional Financiera, S.A. (Grupo II del Anexo Informativo)	108	37	145
A través de Fomento Industrial Somex, S.A. (Grupo III del Anexo Informativo)	32	—	32
Total	*364*	*65*	*429*

b] La agrupación de las empresas anteriores, atendiendo a la participación accionaria del sector público, fue la siguiente en 1981:

☐ Empresas con participación estatal de 51% a 100% (incluidas en los grupos I, II, III y V del Anexo Informativo).　217

☐ Empresas con participación estatal de 25% a 50% (incluidas en los grupos I, II, III y V del Anexo Informativo).　69
　　　　　　　　　　　　　　　　286

☐ Empresas con participación estatal de 10% a 24% (incluidas en los grupos I, II y III del Anexo Informativo).　78
　　　　　　　　　　　　　　　　364[5]

Las estructuras por inversoras y participaciones antes expuestas fueron confirmadas con los informes anuales de las dependencias que encabezan los grupos y con el listado publicado en el Diario Oficial del 3 de septiembre de 1982. Estas fuentes revelan además que existen empresas industriales adicionales en que el estado participa con menos de 10%, cuyo número es difícil de precisar y que, como se advirtió, el estudio no toma en cuenta.[6]

c] Considerando exclusivamente las 294 empresas para las que se obtuvo información completa, su posición en el mercado era la siguiente en 1981:

[5] No se incluyen en estas agrupaciones las 65 filiales que darían la cifra de 429, debido a que no se conoce con precisión la participación que las matrices tienen en ellas, aunque no hay duda que es superior al 10%.
[6] En las publicaciones a que se hace referencia, aparece otro universo de entidades que no es objeto de este estudio, constituido por empresas de participación estatal dedicadas a transporte y comunicaciones, turismo, servicios y negocios inmobiliarios.

	Monopó- licas	De compe- tencia	Total
Con participación estatal de 10% a 24%	1	77	78
Con participación estatal de 25% a 50%	7	49	56
Con participación estatal de 51% a 100%	24	136	160
Total	32*	262	294

* Esta cifra corresponde a la suma de empresas catalogadas como monopolios en las tablas I, II y III del Anexo Informativo. Su número no corresponde al de monopolios de participación o propiedad estatal, ya que, como se puede constatar, varias de ellas configuran una sola de estas estructuras. Como se verá en el capítulo IV, también hay empresas de competencia que participan de situaciones oligopólicas.

Conforme a las cifras anteriores, existen 8 monopolios en que el estado participa en posición accionaria minoritaria, cuyos productos son de importancia: tubería de acero sin costura, centrífugas azucareras, cobre electrolítico, abrasivos industriales, etilenglicol, lámina de acero inoxidable y ácido ascórbico. En cinco de éstos, el estado convive como socio con inversionistas extranjeros.

d] Atendiendo a los mercados, las 294 empresas se agrupan en la siguiente forma:

	Empresas monopólicas	Empresas de competencia	Total
Materias primas y bienes intermedios	18	117	135
De 10% a 24% de participación estatal	—	60	60
De 25% a 50% de participación estatal	5	22	27
De 51% a 100% de participación estatal	13	35	48
Bienes de capital	14	34	48
De 10% a 24% de participación estatal	1	8	9
De 25% a 50% de participación estatal	2	11	13
De 51% a 100% de participación estatal	11	15	26

	Empresas monopólicas	Empresas de competencia	Total
Bienes de consumo	—	111	111
De 10% a 24% de participación estatal	—	9	9
De 25% a 50% de participación estatal	—	16	16
De 51% a 100% de participación estatal	—	86	86
Total	32	262	294
De 10% a 24%	1	77	78
De 25% a 50%	7	49	56
De 51% a 100%	24	136	160

e] La situación financiera y productiva de las 294 entidades, que proporciona con mayor detalle la tabla VII del Anexo Informativo, puede resumirse con las siguientes cifras básicas (en miles de millones de pesos):

Entidades con part. estatal de:	Capital contable De las empresas	Capital contable Del sector público	Activos totales	Núm. de personas empleadas	Ventas
10% a 24%* (78 entidades)	53.2	6.5	105.2	51 140	62.8
25% a 50%	30.4	12.4	72.9	23 286	28.5
En operación (52 entidades)	30.0	12.3	72.2	23 128	28.5
En construcción (4 entidades)	0.4	0.1	0.7	158	—
51% a 100%	969.6	956.7	1 898.4	426 251	742.2
En operación (142 entidades)	964.7	952.9	1 886.4	423 819	742.2
En construcción (18 entidades)	4.9	3.8	12.0	2 432	—
Total (294 entidades)	1 053.2	975.6	2 075.5	500 677	833.5

* No se hace el desglose en operación y construcción dado que en esta última situación sólo había una empresa.

f] La distribución porcentual de estas cifras por rangos de participación accionaria fue, en 1981, la siguiente:

	Capital contable del sector público %	Activos totales %	Ventas %
Total (294 entidades)	100.0	100.0	100.0
En entidades con 10% a 24% de participación estatal (78 entidades)	0.7	5.1	7.5
En entidades con 25% a 50% de participación estatal (56 entidades)	1.3	3.5	3.4
En entidades con 51% a 100% de participación estatal (160 entidades)	98.0	91.4	89.1

Las cifras hasta aquí expuestas dan un resumen tanto de las grandes magnitudes a que ha llegado la participación del estado en la industria, como de las que representan el conjunto de entidades industriales. Sin embargo, en lo que a aplicación de recursos se refiere, la verdadera magnitud estatal no está dada sólo por la cifra de 975 610 millones de pesos de participación contable en las 294 entidades comprendidas. Esta suma omite una parte de la totalidad de los recursos aplicados.

Habría que agregar la participación estatal en los capitales contables de las 135 empresas cuya información por no ser completa no está incluida en las anteriores cifras correspondientes. Sumando únicamente las participaciones en los valores que se pudieron obtener para el grupo de filiales (17 817 millones), se llega a una cifra de 993 427 millones de pesos de recursos de capital aplicados.

Pero, adicionalmente al valor todavía parcial anterior, el sector público tenía aplicada en 1981, y seguramente ahora mucho mayor, otra muy valiosa cantidad en forma de créditos concedidos a un buen número de las empresas que nos ocupan. Una parte importante de estos créditos (aunque no la totalidad) estaban y están canalizados a través de las propias instituciones financieras estatales accionistas o administradoras: NAFINSA, SOMEX y FINASA, ya sea directamente o a través de sus bancos de depósito afiliados o de fideicomisos a su cargo.

Es en realidad muy difícil llegar a una cuantificación total del crédito otorgado por todo el sector público a las entidades industriales en que es accionista o propietario absoluto de su patrimonio. Sin embargo, sí hay bases para hacer una estimación de lo que las instituciones financieras citadas pueden haber aportado con sus propios recursos a sus industrias afiliadas o administradas en 1981. Incluso, en adición a este cálculo, se pudo contar con datos de los créditos adicionales que tenían también otorgados a algunas empresas y organismos, considerados dentro del grupo de 294, cuya titularidad accionaria o patrimonial es del gobierno federal.

Estos cálculos, que se presentan a continuación, se hicieron con base en las políticas que dos de las instituciones mantenían en 1981, en cuanto al monto máximo de crédito acumulado otorgable a cada filial y con el volumen promedio de crédito y avales que efectivamente demandó el conjunto de sus filiales. Las cifras finales así estimadas para estas dos financieras son las siguientes, como saldos al 31 de diciembre de 1981: NAFINSA, 42 000 millones de pesos; SOMEX 2 600 millones de pesos.

Para la explicación de estos cálculos hay que hacer saber lo siguiente:

La política de NAFINSA, hasta 1981, consistía en que el monto de su participación en el capital contable, sumado a los créditos y avales otorgados por ella y por sus fideicomisos y el Banco Internacional, S.A., no debía rebasar en cada una de sus filiales el 50% del activo total. Esta política daría un volumen otorgable de alrededor de 70 000 millones de pesos en dicho año, según las cifras acumuladas de capitales contables expuestos. Sin embargo, para el cálculo de la cifra de 42 000 millones se tomó en cuenta que, en la realidad, sólo un 60% de este máximo era demandado como conjunto promedio por sus filiales.

De diversos documentos públicos (informes de los organismos receptores del crédito y de NAFINSA) se conformó la otra cifra adicional de créditos otorgados por esta institución a organismos descentralizados y empresas industriales propiedad del gobierno federal. Este monto ascendió a un total (créditos y avales) de, aproximadamente, 95 000 millones de pesos.

En cuanto a la política de SOMEX respecto a créditos a sus filiales industriales, en 1981, intentaba mantener una posición minoritaria dentro del total de pasivos. El autor no pudo precisar si existía o no un máximo general porcentual. Así, la cifra estimada expuesta deriva de suponer que este máximo fue, en promedio, del 10% de los pasivos totales de las filiales y que era ejercido por todas.

Con relación a FINASA, la cifra del saldo de créditos concedidos se estimó con base en la diferencia entre capital contable y activos de los ingenios de propiedad estatal y suponiendo que éstos no eran sujetos de crédito de la banca privada dada su mala posición financiera generalizada. Con base en estos supuestos de cálculo, al 31 de diciembre de 1981, el saldo de créditos resultó ser de 33 000 millones de pesos.

Finalmente, en cuanto a FOMIN, que hacía poco había sido autorizado a operar créditos subordinados convertibles, se sabe que, a la fecha mencionada, registraba un saldo de créditos otorgados a las empresas en que participaba de 205 millones de pesos.

La suma de las estimaciones crediticias antes expuestas da un total de 172 805 millones de pesos. Agregada al total del capital contable propiedad del sector público que fue posible computar, alcanza la cifra de 1 166.2 miles de millones de pesos, que sería una estimación mínima del total de recursos del estado aplicados a este conjunto de empresas industriales de su injerencia, a fines de 1981.[7]

---

[7] La cifra real podría estimarse, *grosso modo* (agregando participaciones no captadas en filiales y otras matrices y saldos de créditos de otras instituciones como BANPESCA; Banco Nacional de Comercio Exterior y de otros fideicomisos como FOMEX y FOGAIN, así como de créditos antiguos asumidos por el gobierno federal no correspondidos con acciones, así como avales de éste), en un rango de 1.5 billones de pesos.

2. LAS RAZONES

La historia de la participación directa del estado en la industria muestra que no ha sido un proceso discontinuo, sino constante desde los primeros hechos. De éstos, el que puede reconocerse como el inicialmente sustancial es el de la expropiación petrolera, con la consecuente creación de Petróleos Mexicanos.

No ha sido tampoco, en su mayor parte, un proceso carente de lógica industrial y, mucho menos, de razón política. Tampoco entraña una actitud estatal que haya venido de más a menos, sino, por el contrario, como se ha mostrado en la tabla inserta anteriormente, animada de un proceso de aceleración en cuanto a la creación de, o participación en, nuevas empresas, sin que se haya detenido el crecimiento y la atención de las creadas en el transcurso.

Dadas las características anteriores, podría decirse que el grupo industrial se ha desarrollado como lo han hecho otros grupos industriales privados con historia y que hoy operan, si no fuera porque los propósitos que han animado su crecimiento reconocen causas que normalmente para el sector privado son restricciones inhibidoras. Este hecho es la gran diferencia sustancial, o sea, dicho en otros términos: el estado ha emprendido, desde el origen de su grupo industrial, aquellos proyectos que, por diferentes causas, no podían ser llevados a cabo por el sector privado nacional e, incluso, esto es válido no sólo para aquellos en que fue promotor, sino también en los que, no habiéndolo sido, participa porque dicho sector no pudo seguir manteniendo en operación sus empresas o no podía hacerlo solo.[8] Esta afirmación, si bien es general, pues hay algunos casos que se escapan de ella, es incuestionable. Otra diferencia es notable: rara vez las

---

[8] Aquí no se hace alusión a la incapacidad administrativa del sector privado, sino teniendo en mente su insuficiencia financiera, los riesgos políticos, los largos períodos de inicio de rentabilidad que enfrentaron muchas entidades estatales en su origen, así como a las funciones de apoyo social o al desarrollo industrial a que otras fueron destinadas.

empresas de propiedad o participación estatal "mueren". Esto, que ha sido, es y será tema de grandes controversias, reafirma, sin embargo, lo antes dicho, es decir, muchas "gravemente enfermas" ya hubieran sido enterradas por el sector privado por no poderlas seguir sosteniendo. Sin embargo, por razones atendibles y no de negocios que puede explicar el estado, las mantiene vivas; algunas de hecho pasaron del sector privado al público en *artículo mortis*.

Así pues, atendiendo a las consideraciones anteriores, *la discusión sobre las empresas de inversión estatal debería pasar a cuestionar no las razones de su existencia, sino las formas de operación y supervivencia*. Sin embargo, en cuanto a las razones de existencia, resulta importante destacar las siguientes que el proceso histórico reconoce:

☐ El rescate y salvaguarda de la autonomía económica del país, así como la defensa de la soberanía, fueron razones del inicio de la participación del estado en la industria, que se dio con la creación de empresas de capital totalmente estatal y en actividades básicas o explotadoras de recursos naturales no renovables. Éstas dieron a su vez origen a otras, también de mayoría estatal, que significaban integraciones industriales de las primeras y, al mismo tiempo, garantizaban los actos de nacionalización originarios. Como ejemplos de esta conducta nacionalista se encuentran el ya mencionado de Petróleos Mexicanos, la Comisión Federal de Electricidad y Fertilizantes Mexicanos, S.A. (Fertimex) que, como se puede apreciar, constituyen hoy la cadena petróleo y gas-energía-petroquímicos. En cuanto a la creación de Fertimex, se encuentran detrás de ella los propósitos de recuperar el rezago que tenía el país en la producción de abonos químicos y plaguicidas, que estaba en manos de empresas privadas nacionales y de capital mixto (nacional y extranjero) y el de estatizar paulatinamente esta actividad industrial para llevar a cabo una política de apoyo gubernamental a la agricultura, no especulativa. Posteriormente, el estado continúa el proceso de integración industrial en las actividades de ambas empresas con la expedición de la Ley Reglamentaria del Artículo Constitucional en Materia de Petróleo, que reserva para el estado, en exclusiva, la producción de petroquímicos básicos y adquiriendo las acciones de las compañías azufreras, con los fines de integrar la producción, ya monopolizada, de los fertilizantes y de reglamentar, de acuerdo al interés nacional general, la exportación de un recurso natural básico no renovable. Final y recientemente, este proceso, por la línea de los fertilizantes, se perfecciona con la promoción y constitución de la empresa Roca Fosfórica Mexicana, S.A., que abastece de mineral fosfórico a Fertimex.

En esta forma, el acto político que dio origen a Petróleos Mexicanos se continuó con una dinámica industrial estatal, que persiste hasta hoy, que generó el complejo más perfecto con que el estado cuenta y que, a la vez, garantiza el dominio nacional de varios recursos naturales no renovables, así como el abastecimiento de sus productos imprescindibles al resto de la industria: petróleo y gas-energía, amoniaco y ácido nítrico-azufre y roca fosfórica-ácido sulfúrico y ácido fosfórico-fertilizantes.

☐ El abastecimiento insuficiente de materias primas ha sido otra de las razones de la inversión industrial directa del estado. Numerosos casos de inversiones para la suficiencia registra el catálogo de empresas estatales desde la creación de Altos Hornos de México y la Compañía Industrial de Atenquique, a principios de la década de los cuarenta, llegando, incluso, a monopolizar 10 productos[9] mediante 12 empresas en

---

[9] No se incluyen en esta cifra los productos de la petroquímica básica que produce PEMEX.

que participa o es el dueño: azufre, papel periódico, lisina, nitrocelulosa, cobre refinado, abrasivos industriales, lámina de acero inoxidable, ácido ascórbico, etilenglicol y ácido tereftálico.

Sin embargo, en este campo industrial, el estado no ha sido el promotor de la mayor parte de las empresas existentes en el país, ni ha mantenido los principios de ser el único productor o el propietario de la mayoría accionaria. No obstante, la evolución de ciertas empresas o el retraimiento de la inversión privada ha determinado que haya llegado a esta última situación en varias, que producen materias primas básicas, como es el caso, además de las citadas, de algunas actividades minero-metalúrgicas, principalmente en la explotación de cobre y en la industria siderúrgica. Si bien en el pasado, y también ahora, el estado ha sido cuantitativa y cualitativamente el principal agente eliminador de cuellos de botella en el sector de materias primas básicas, el futuro, al parecer, lo obligará a incrementar esta función y no precisamente en forma fácil según lo que puede preverse en la escalada de las inversiones por unidades de capacidad productiva a instalar, en costos y en precios. De no hacerlo, el país se encontrará (al igual que hubiera sido en el pasado sin su intervención) ante la situación de realizar importaciones insostenibles o disminuir o congelar su industria de transformación. Ya se mencionó antes el requerimiento nacional de aceros previsto para fines de la presente década. El incremento de capacidad necesario para cubrirlo representa inversiones de muy alta cuantía, con la consiguiente necesidad de también muy elevados créditos y ante una situación de abatimiento de la rentabilidad en su fabricación generalizada en casi todo el mundo.

Pero, ¿quién podría, al mismo tiempo que en la siderurgia, emprender los muy costosos proyectos para cubrir los déficit también previstos, y ya existentes, en ciertos tipos de álcalis? Ya debería estarse montando una planta de 300 000[10] ton de carbonato de sodio, por ejemplo, que entraña una muy cuantiosa inversión, tanto en equipo productivo como en el de aprovisionamiento de la materia prima y anticontaminante. En el cobre ha pasado lo mismo y se plantean también problemas futuros. El estado ha tenido que ser, desde años atrás, el soporte de las dos grandes plantas existentes: Cananea y La Caridad, cubriendo los aportes multimillonarios que en la primera rehusaron hacer suficientemente los accionistas privados nacionales y extranjeros y, en la segunda, aportando capital, créditos y un monto de avales en moneda extranjera que, seguramente, hoy son un problema para el estado por la magnitud que han alcanzado en moneda nacional y por la poca disponibilidad de divisas.

Sin embargo, hay una situación que en las materias primas debe destacarse: si bien el estado participa importantemente en su producción, pocos son los casos en que interviene en su transformación final. Ésta se encuentra en su mayor proporción en el campo del sector privado, o sea, la estructura industrial gubernamental se encuentra aquí desintegrada, soportando la mayor carga inversora y crediticia pero beneficiándose en muy poco de la alta rentabilidad que produce la transformación.[11] Como campos de ausencia o casi inexistencia de inversión pública en ella, se pueden citar las petroquímicas secundaria y terciaria y la transformación de cobre, de papel y de telas.

☐ La prestación de servicios y la fabricación de productos básicos para la población es también ampliamente atendida por empresas públicas. En esta segunda función se encuentran varias empresas en situación de participación mayoritaria o propiedad total, que no

---

[10] Las importaciones en 1981 fueron de 141 mil ton con valor de 15 millones de dólares.

[11] Para apreciar estas disparidades, se remite al lector a las cifras de rentabilidad consignadas en el Anexo Informativo.

operan estrictamente con el criterio de máximo beneficio por decisión política. Dentro de las 294 empresas que en forma principal se basa este libro, hay 86 productoras de bienes de consumo en que el estado posee entre el 51% y el 100% del capital y, entre éstas, 79 en las que es propietario total, que producen alimentos y textiles, y dos más fabricantes de otros productos de consumo generalizado. Sin embargo, en las industrias textil, confeccionadora, alimentaria, cigarrera y embotelladora, el estado no mantiene posiciones monopólicas; por el contrario, su acción de fomento lo ha llevado, prácticamente, a estimular la competencia a sus empresas, participando minoritariamente en 25 empresas más, que operan en casi todas estas actividades y en otras productoras de diversas clases de bienes de consumo.

Si bien las empresas y organismos públicos prestadores de servicios han sido medios tradicionales de subsidio a la población total del país, las industrias del estado lo han hecho también, pero en forma más directa y selectiva. Estos subsidios, objeto de tanta crítica, son imperativos humanos y sociales en los países que no pueden proporcionar empleo remunerador a una gran parte de su población en edad de trabajar y que, al mismo tiempo, tienen una pirámide poblacional en que los estratos infantiles y adolescentes representan una amplia base. No es admisible ni posible eliminarlos con la pretensión de que las empresas transmisoras sean buenos negocios, aun en el caso en que éstas alcanzaran la máxima eficiencia posible. Ésta, que sin duda urge que sea alcanzada, deberá y tendrá que ser utilizada para ampliarlos extensiva e intensivamente, dados los todavía bajos niveles nutricionales y de vestuario de la población que ya se beneficia y la gran población que las mayorías marginadas representan. Tampoco se puede pensar en un esquema en el que estos subsidios pasen al comercio privado para abatir sus precios (de la falla de este supuesto mecanismo hay muchos ejemplos), de ahí la necesidad también de la comercialización final por el estado de los productos subsidiadores que fabrica y el desarrollo de la cadena comercial CONASUPO, la más extensa del país en la que nadie podría suplir al empresario sin desvirtuar las razones de su existencia.

☐ Cuando se critican la magnitud y la diversificación del ámbito industrial del estado se objetan diversas supuestas razones de ellas, pero el sector privado, invariablemente, soslaya que la quiebra o casi quiebra de empresas suyas ha ampliado el número de las estatales (o el aumento de la participación estatal en otras), así como la diversidad de productos. Hay numerosas, algunas ya mencionadas antes, que ilustran esto: Fundidora Monterrey, Industria Eléctrica de México, Ayotla Textil, Comercial de Telas, Nueva Nacional Textil del Salto, Avantram, Hilos Cadena, Industrial Textil Bellavista, Barrenas de Acero y Aguces, Bicicletas Cóndor, y varias más que llegaron a la propiedad estatal como consecuencia de la intervención del estado, por su situación financiera, en la Sociedad Mexicana de Crédito Industrial (SOMEX).

Exaltados los críticos al hablar, en forma general, de su mala administración, no analizan, tampoco, que varias de las que pasaron al estado lo hicieron ya en tal situación de gestión interna. Las razones de que varias de éstas las siga operando su actual propietario son de diversa índole. En unas es el aporte sustancial a la oferta que tales empresas significan; en otras es, al mismo tiempo, un numeroso grupo obrero que representa una gran proporción del empleo local. En otros casos es la efervescencia política obrera la razón que mantiene a algunas empresas en operación precaria, no obstante que en parte de ellas el estado emprendió programas de modernización y de dotación de recursos. Como se ve, todas estas razones son comprensibles en las circunstancias de nuestro país: insuficiencia de empleo, deficiencias de oferta, desequilibrio regional y transacciones compensatorias con los gestores de la "solidaridad" sindical al gobierno. Un cómputo del empleo y de las ventas realizadas en 1981 por 61 empresas,[12] transferidos total o parcialmente sus capitales del sector privado al público, que ya operaban y operaron también en ese año en mala situación, revela que su cierre hubiera significado 53 250 despedidos y 37 000 millones de pesos de producción no realizada, a los precios de venta. Las pérdidas conjuntas registradas en el mencionado año, 3 277 millones de pesos, significaron casi el 9% de tales ventas, o sea, que el costo social de mantener a más de 50 mil personas con empleo, de evitar la importación de más del 60% del azúcar que el país consumió, de más de la mitad del cobre que la industria transformó y de apreciables proporciones de las telas y madera que fueron necesarias, fue realmente reducido.

☐ Con el propósito de impedir prácticas especulativas en el mercado de varios materiales básicos, el estado ha creado, por propia iniciativa, empresas de propiedad absoluta o ampliamente mayoritaria. En varios casos estas empresas han significado la desaparición o debilitamiento de situaciones monopólicas y oligopólicas. Son ejemplos notables de esto último las siguientes: Albamex (alimentos balanceados para aves y ganado), Proquivemex (hormonas sintéticas y medicamentos), Hules Mexicanos (hule sintético y negro de humo) y, la hace poco inaugurada, Cloro de Tehuantepec, que vino a reforzar la posición del estᵣ ᵢ᷉ en el mercado de sosa cáustica y a competir en el de cloro, integrándose, adicionalmente, a PEMEX en la producción de cloruro de polivinilo y a Azufrera Panamericana, con el procesamiento de sus salmueras. Otro grupo de empresas fueron fundadas o

---

[12] Integrantes de las 294 que totalizan los grupos I, II y III del Anexo Informativo. Los productos comprendidos son azúcar, textiles, cobre y maderas procesadas.

apoyadas por el estado para ser destinadas a las mismas funciones competitivas en el mercado de bienes de capital básicos para el desarrollo económico. De éstas se destacan hoy: Diesel Nacional (motores diesel, camiones y autobuses), la recién fundada Fábrica de Tractores Agrícolas, Motores Perkins, etcétera. Otras que operaban en este sector industrial, eran VAM y Renault de México, que competían con el cartel automotriz de empresas extranjeras pero que, recientemente, fueron vendidas como ya se ha mencionado. Sin embargo, dentro de las que compiten tanto en el mercado de materias primas básicas como en el de bienes de capital, hay varias empresas que no han podido desempeñar su papel de regulación de precios, ya que no son las productoras más eficientes del mercado. Estas situaciones particulares han resultado incluso contraproducentes a los propósitos, ya que sus precios basados en altos costos son seguidos por los competidores. Ante esto, el estado ha tenido que subsidiar la operación industrial de varias para evitar su desaparición y fijar precios oficiales que cubran a éstas relativamente ineficientes en que tiene inversión.

☐ Es indudable que la ausencia de producción nacional de ciertas materias primas, bienes intermedios y de grandes proporciones de los bienes de capital que las diferentes actividades económicas demandan, significan peligrosos "huecos" industriales, así como muy dispendiosos de llenar en términos de divisas y muy costosos en relación de intercambio del país. La persistencia de esta ausencia productiva contribuye también a la dilación en el alcance de un aceptable y más rentable nivel tecnológico, quedando el país, además, ajeno e ignorante de procesos productivos complejos y con ello, poco a poco, con las manos y cabeza anquilosados en técnicas tradicionales y con una estructura industrial cada vez más relativamente elemental, cada vez más operativa de máquinas y transformadora de materiales que producen otras economías innovadoras.

Sin embargo, liberar al país de lo anterior no es, normalmente, atractivo o posible para el sector privado. La imposibilidad comúnmente se da por la falta de recursos, por la falta de rentabilidad derivada de reducidas demandas de cada tipo o calidades de los productos involucrados, o por ambas cosas a la vez.

Ante los riesgos que implica para el país el atraso cualitativo o cuantitativo de la industria y la acelerada dinámica y costo creciente de la importación de los bienes con que este atraso se manifiesta, el estado ha tomado decisiones trascendentes con la promoción de un numeroso grupo de empresas. Este grupo ha crecido notablemente, diversificándose en forma realmente importante como lo revelan los productos de las siguientes: Fermentaciones Mexicanas (lisina), varias plantas de la petroquímica básica, AHMSA-FANAMHER y Oerlikon Italiana de México (tornos y fresadoras), Turborreactores (reconstrucción de turbinas para aviación), Electrometalurgia de Veracruz (abrasivos industriales), Productora Mexicana de Fármacos (ácido ascórbico y ascorbatos), Centrífugas Broadbent (equipo azucarero), Cía. Mexicana de Radiología (equipos médicos de radiodiagnóstico y de cirugía), Grupo Industrial NKS (forjas y fundiciones de gran peso para la fabricación de equipos, de motores de gran capacidad y para turbinas), Turalmex y Turbinas y Equipos Industriales (turbinas hidráulicas para generación de energía y para potencia), etc. Todo este listado agrupa un catálogo de nuevos productos y de nuevas empresas integrado en los últimos 10 años.

Sin embargo, debe recordarse que otras muchas empresas creadas por el estado por las razones anteriores y que hoy operan, muestran, con sus fechas de fundación, que son razones antiguas: DINA, SIDENA, Constructora Nacional de Carros de Ferrocarril, ya mencionadas antes, son los casos más evidentes. En la mayor parte de las empresas creadas para los fines que se comentan, el estado es accionista mayoritario debido a la indiferencia del sector privado nacional a participar. Por esto, el capital se encuentra, en su mayor parte, en manos del estado y, en su proporción minoritaria, en propiedad de firmas extranjeras que transfieren la tecnología y, marginalmente, sólo algunas, en poder de inversionistas nacionales.[13]

En esta gama de nuevas fabricaciones, las decisiones de emprenderlas se han dado ante el dilema que plantea la necesidad de apoyar con ellas la evolución del país y su baja o lejana rentabilidad. O sea, en condiciones de la alternativa entre la viabilidad del país y la viabilidad del proyecto, que sólo ha podido decidir positivamente el estado, a veces con un alto costo social, que es motivo de protesta del sector privado sin reparar en el beneficio general nacional y el particular que a él brindan. Esta actitud llega hasta el extremo de negarle a estas empresas su solidaridad, rehusando adquirir sus productos, teniendo el estado que recurrir a la imposición de controles de importación protectores que, sin embargo, no siempre aplica ante el embate de comerciantes importadores y usuarios (entre ellos las propias dependencias gubernamentales), y por prácticas comerciales y financieras ofensivas de los productores extranjeros, como las intensivas que ejercen en estos años de crisis, en que las cotizaciones de varios países no llegan a cubrir siquiera el costo, en origen, de los materiales con que están producidos los bienes.

☐ Ahora bien, si las razones estatales expuestas e ilustradas en los párrafos anteriores son atendibles desde el punto de vista del interés general en el crecimiento industrial del país, hay varios casos —aunque no en

---

[13] Nacional Financiera, institución promotora de la mayor parte de estas empresas, ha mantenido paquetes accionarios de algunas de ellas en fideicomisos para suscripción privada, sin haber tenido resultados positivos.

el número que debería haber— que su lógica no resulta tan obvia para los que argumentan que México
es un país de libre empresa. Varias empresas de propiedad estatal existen en el mercado sin que su operación lo regule, o bien porque satisfagan necesidades populares, representen innovaciones o produzcan
bienes básicos o que entrañen esfuerzos de inversión
cuantiosa. Sin embargo, en esto el análisis no puede
ser general y debe separar los casos en razón de las
diferentes causas originarias. Ya se hizo mención de
las empresas que ahora son estatales por fracasos privados y que, de hecho, pudieron haber sido rescata-
das por inversionistas particulares. Pero hay otras cuya presencia se debe al desarrollo que han tenido las
estatales durante su existencia, o sea, son hijas de éstas; son filiales que están incluidas entre las 65 que
esta investigación[14] ha detectado, provenientes de las
294 que enfoca con particular atención y que hoy les
dan diversificación productiva en razón de haber seguido criterios de integración industrial.

Así, PEMEX ha creado empresas filiales para auto-
abastecerse de tetraetilo de plomo y para procesar
parte del estireno, butadieno y aceites pesados que
fabrica y producir hule sintético y negro de humo,
compitiendo con la empresa de mayoría privada Negromex, arrebatándole el monopolio que disfrutaba.
Altos Hornos de México, estatal desde su inicio, ha
creado numerosas filiales: unas que la abastecen de
insumos y otras que procesan sus materiales siderúr-
gicos al igual que lo hace Fundidora Monterrey y lo
hacía desde que era privada.

Parece no haber duda que el sector privado hubiera
podido cubrir las funciones de abastecimiento y proceso posterior que hacen estas filiales. Sin embargo,
¿en razón de qué lógica industrial debería ser esto?
La del desarrollo de una empresa, al igual que el de

---

[14] Grupo IV del Anexo Informativo.

una economía, se encuentra en un proceso continuo
de integración de actividades complementarias y no
sólo por el crecimiento de una de ellas. Si bien en la
estructura industrial nacional no tiene importancia
qué sector lleva a cabo las etapas de tipo complementario de este proceso, en una empresa la tiene fundamental pues de ello depende en importante medida
su desarrollo y su productividad. En la empresa, la
integración es un fenómeno que los analistas descri-
ben a la manera de sentidos de orientación o de direc-
ciones; así, la hay horizontal que connota la creación
de plantas adicionales o ampliación de existentes, para
un mismo producto o una misma fase del proceso;
vertical, o sea la producción de componentes o in-
corporación de procesos de un producto; lateral, que
significa la producción de nuevos productos con el
fin de dar utilización plena a equipos y materiales y
disminuir la dependencia de una sola producción, y
diagonal, que lleva a la creación de los servicios que
el complejo o algunas empresas utilizan de él. De hecho, como fácilmente se puede comprender, muchas
de las empresas de participación estatal podrían estar en mejor situación si hubieran seguido un camino de integración de más amplio espectro; o sea en
todos los sentidos, abstención que los industriales privados debían reconocer. Recuerdan mucho lo que el
estado les ha vedado, pero nunca lo que les ha cedido
indebidamente desde un punto de vista empresarial.
En el fondo, la inconformidad vuelve a encontrar su
origen en las contradicciones de la economía mixta.
☐ Finalmente, existen otras pequeñas empresas que, por
no ser industriales ni tener trascendencia, no debían
siquiera mencionarse aquí si no fuera porque su utilización como ejemplos ha sido constante e ironizan
la imagen general del estado como inversionista. Éstas se dedican, en pequeñas escalas, a la hotelería,
a la panificación y a servicios de lavandería. En principio es indudable que no hay razón para que sean

empresas estatales. Sin embargo, el conocimiento de
ellas y su origen despejan la incomprensión con que
frecuentemente se les menciona. Para no ahondar mucho en este tópico, baste decir que fueron creadas por
un fideicomiso constituido para proporcionar servicios
indispensables a los campamentos de trabajadores y
técnicos que construyeron la Siderúrgica Lázaro Cár-
denas, en Las Truchas, y su supervivencia ha sido
cuestión de burocracia y no de política económica.

A primera vista, las principales razones de la intervención del estado en la industria que se han destacado podrían parecer típicas de un país subdesarrollado y, por
tanto, eliminables por el futuro desarrollo o, en algunos
casos, no vigentes ahora dado el avance económico ya
alcanzado y, por ello, empresas que cumplieron su papel
como instrumentos de una correcta y oportuna acción estatal, podría argumentarse que deben dejar de serlo para
aumentar las oportunidades de acción del sector privado. Sin embargo, esta lógica, llevada hasta sus últimas
conclusiones, llega a topar con la ya enunciada del desarrollo de los grupos industriales. En éstos, como es normal, no todas las unidades constitutivas son generadoras
del mismo nivel de utilidades, pero siempre el éxito del
conjunto se debe al concurso imprescindible de todas. Por
tanto, no se puede pensar en la enajenación de las rentables y en la supervivencia del resto, ni aun en el caso de
un grupo estatal si éste es de un país subdesarrollado. En
países desarrollados esto podría suceder, y de hecho sucede, por otras razones, entre ellas la propia abundancia
de recursos del gobierno.

Sin embargo, existe una notable similitud entre las razones expuestas para el caso de México con las que los
gobiernos de algunos países capitalistas desarrollados
justifican actualmente la ampliación de sus propios conjuntos industriales paraestatales después de su creación
en los años de la posguerra. Aunque el origen de éstos
obedeció a razones muy distintas y diversas, hoy, con
diferente grado y orden de importancia, se repiten los

mismos argumentos resumidos por el señor Antonio Bisa-
glia, ministro delle Participazioni Statali de la República
Italiana, en octubre de 1975, explicativos del crecimiento
del muy importante sector industrial estatal de ese país:

De estas motivaciones asumen relieve: la existencia de las economías de escala a nivel no sólo de una sola planta sino a nivel de sector de industria o, cuando menos, a nivel de subsector; la existencia
de ventajas técnicas-económicas, más visibles que las economías de
escala, que se generan notablemente con la concentración, o a la integración de las empresas; la exigencia de intervenir en forma técnicamente importante y financieramente onerosa en la realización de
actividades que han venido a ser de preminente interés económico-
social, pero que ya no tenían correspondencia con las condiciones
del mercado o de la técnica; la exigencia de confiar a la acción pública, en medida total o mayoritaria, sectores de importancia clave
para la economía y la seguridad del país; la nula o insuficiente presencia de la iniciativa privada en sectores importantes de la economía (debidas a cualquier causa: falta de capitales, de know-how, de
capacidad empresarial, etc.); del lado opuesto, la necesidad de intervenir por la posición predominante de una o pocas empresas privadas (forma monopólica u oligopólica) en el mercado, que redu-
cen el grado de aceleración del desarrollo económico del país; la posibilidad de lograr, con su intervención, otros objetivos económicos
generales, como el desarrollo de las áreas atrasadas del país, el sos-
tenimiento del nivel de ocupación y la reducción del desequilibrio
de la balanza comercial. Todas estas motivaciones son todavía válidas y deben tenerse presentes para una interpretación objetiva de
la función y de la competencia específica, actual y futura, de la participación estatal.[15]

3. LOS SIGNIFICADOS

En páginas anteriores ya se mencionó que las 429 empresas captadas en la investigación realizada para este libro empleaban, en 1981, más de 540 mil personas, y que
esta cifra era conservadora ya que de un número de ellas
no se pudieron obtener las cifras de empleo.

Adicionalmente, se informó que las ventas realizadas

[15] Traducción del autor de párrafos de la introducción de "Il sistema italiano delle
participazioni statali", Presidencia del Consiglio dei Ministri, octubre de 1975.

por esas empresas en dicho año, también como cifra mínima por parecida imposibilidad informativa, sumaron un billón de pesos en números cerrados.

Ahora bien, ambas cifras prácticamente no cambian sus magnitudes eliminando los aportes de aquellas empresas en que el estado participa con menos del 25% del capital social: el empleo desciende a un poco más de 491 mil personas y las ventas a 929 mil millones de pesos.

Relacionando las primeras cifras citadas con los correspondientes totales nacionales, se tienen las siguientes posiciones participativas mínimas de las empresas de inversión estatal: el 11% de la ocupación nacional industrial y el 22% de la producción industrial del país a precios de mercado del productor.

Desde el punto de vista de la inversión acumulada hasta 1981, las 429 empresas mencionadas tenían activos totales netos de 2.1 billones de pesos también como mínimo. Eliminando nuevamente a las de participación minoritaria mencionadas, la cifra resulta ser un poco menor a 2 billones.

Otras magnitudes adicionales de interés son las siguientes: la suma de las cifras disponibles de los capitales contables del grupo de 429 empresas investigadas ascendió a 1.1 billones de pesos y la de los capitales sociales a sólo 332 mil millones, existiendo, por tanto, una diferencia entre ambas cifras de 748 mil millones, constituida por reservas, utilidades por aplicar y superávit por revaluaciones de activos. De la comparación de la suma de los capitales de las empresas y del total de las participaciones propiedad del estado, se deduce que éste era dueño del 87% del conjunto. Eliminando a las empresas en que participaba con 25% o menos del capital, esta propiedad global asciende al 91%.

Si bien las cifras y porcentajes de participación anteriores proporcionan imágenes de gran dimensión absoluta y relativa alcanzadas por el estado dentro del ámbito industrial del país, no permiten, sin embargo, destacar y precisar su trascendencia en los diferentes campos de actividad que lo conforman ni, tampoco, su significado desde el punto de vista de la política económica, creándose con ello dos impresiones: la de una penetración sustancial generalizada en todas las actividades o la de una conducta inversora estatal dispersa.

Aunque el detalle que proporcionan las tablas I a V del Anexo Informativo contribuirán a despejar estas apariencias, se consideró necesario elaborar la VIII que expone una muestra de las participaciones que algunos grupos de empresas de inversión estatal tuvieron, en cuanto a ventas y personal empleado, en las actividades industriales (clases industriales en términos estadísticos) en que operaban en 1981.

Para la elaboración de la tabla VIII se siguió este procedimiento:

☐ Se seleccionaron de las tablas I a IV del Anexo Informativo, empresas cuyos productos se identifican, sin lugar a dudas, con las clases de actividades industriales que utiliza la Dirección General de Estadística de la Secretaría de Programación y Presupuesto. Con las empresas así seleccionadas, se formaron grupos de actividades, cuyas cifras de ventas y empleo se sumaron. En esta forma se obtuvieron los valores de aporte que, en los grupos de correspondientes clases, tuvieron cada uno de los grupos de empresas de inversión estatal.

☐ Con los valores nacionales de las clases industriales en que había empresas de inversión estatal operando, se siguió el mismo procedimiento, o sea, se sumaron.

☐ Finalmente, la participación de las empresas se hizo comparando las sumas de éstas con las de las clases.

Es importante hacer notar que la muestra de empresas seleccionadas representa, junto con PEMEX y CFE (que no se incluyen en la tabla por ser innecesario dada su obvia situación monopólica), las dos terceras partes del total obtenido de las ventas captadas en el grupo de 429 empresas y el 72% del personal

empleado. Estas proporciones dan una amplia repre-
sentatividad a la muestra en cuestión.

Las evidencias más destacadas en la tabla son las
siguientes:

☐ Las empresas productoras de alimentos para consumo humano en que participa mayoritariamente el estado aportaron, en conjunto a la suma de las siete
clases industriales correspondientes, el 70% de las
ventas y el 30% del personal ocupado.
☐ En la suma de tres clases pertenecientes a la industria siderúrgica, las empresas de mayoría estatal contribuyeron con el 31% de las ventas[16] y el 80% del
personal empleado.
☐ En la fabricación y ensamble de vehículos automóviles, las empresas de mayoría estatal aportaron el
21% de las ventas y el 28% del empleo.
☐ En la fabricación de triplay, tableros aglutinados y
fibracel, los fabricantes de mayoría estatal representaron el 13% de las ventas y el 15% del empleo.

Adicionalmente, la tabla VIII presenta coeficientes de
ventas por persona ocupada. Respecto a éstos hay que
advertir que sólo pueden ser tomados como elementos
para formulación de hipótesis, pues no se pretendió aportar con ellos indicadores comparativos de productividad,
debido a que los catálogos de productos implícitos en las
sumas de los grupos de clases no son iguales a los que
integran conjuntamente los grupos de las empresas que se
compararon.

El significado de la intervención directa del estado en
la industria se amplía al comparar las principales magnitudes de las empresas en que participa, consideradas como
grupo, con las correspondientes de los más importantes
grupos industriales privados. Para este propósito, utili-

---

[16] Para información de la todavía mayor participación estatal en las ventas, se
recomienda leer la nota número 3 de la citada tabla VIII.

zando las cifras de la concentración VI del Anexo Informativo, así como los estados financieros publicados de ocho grupos industriales privados, se elaboró la comparación de la tabla de la página siguiente. En dicha comparación, como se observa, los datos básicos del grupo industrial de inversión estatal se computan en tres diferentes magnitudes de agregación: en su totalidad captada, comprendiendo 429 empresas de 10 a 100% de participación; en su parcialidad, de 51 a 100% de participación y eliminando de esta segunda a PEMEX y a CFE. Se procedió en el segundo caso en la forma descrita para hacer posible la comparación del grupo estatal bajo los mismos criterios de agrupación que siguen algunos de los grupos privados, que sólo incluyen aquellas empresas en que la tenedora es poseedora de la mayoría del capital.[17] En el tercer caso, la eliminación de PEMEX y CFE se hizo para evitar las siguientes objeciones posibles: que éstas eliminadas, a la vez que son las entidades industriales mayores del país, sus actividades están reservadas al estado; que una parte de sus operaciones corresponden a la prestación de servicios públicos y, que, en ambas, por sus vínculos industriales totalmente generalizados, las cifras debían ser depuradas desagregándoles las transacciones cuantiosas que hicieron con el resto del grupo de participación estatal.

Considerando la magnitud de menor agregación de las tres presentadas, una primera conclusión a que se llega, desde este comparativo enfoque del significado de la acción inversora y productora industrial directa del estado en 1981 —y que seguramente persiste—, es que ésta representó, como mínimos, el 63% de los activos de los nueve principales grupos *industriales* del país, el 71% de las ventas y el 57% del empleo conjunto.

Estos elevados porcentajes de la posición relativa del estado, junto con las cifras ya proporcionadas de su participación en el producto nacional bruto, en el producto

---

[17] Derivados de su carácter de sociedades de fomento.

COMPARACIÓN DE LOS DATOS BÁSICOS DEL GRUPO DE EMPRESAS INDUSTRIALES DE INVERSIÓN ESTATAL CON LAS DE OTROS GRUPOS INDUSTRIALES PRIVADOS
(Cifras al cierre de 1981, en millones de pesos)

Grupos industriales	Activos totales	Capital contable	Ventas	Resultados	Personas empleadas
I. De inversión estatal					
a. De 10 a 100% de participación[1]	2 007 548	1 047 212	947 352	10 817	508 572
b. De 51 a 100% de participación	1 898 442	969 649	742 218	9 113	426 251
c = b menos PEMEX y CFE	497 881	266 641	443 816	514	274 452
2. Alfa[2]	120 762	33 012	62 664	(5 704)	47 000
3. DESC[3]	38 365	18 570	26 207	2 389	25 000
4. Vitro[4]	35 942	16 543	18 313	1 799	36 616
5. ICA[4]	22 735	8 426	26 189	928[5]	64 000
6. Hermes[6]	14 294	6 499	13 068	664	7 842
7. Condumex	11 079	6 938	9 750	931	7 649
8. Industrias Peñoles, S.A.	25 045	13 534	17 618	906	11 680
9. TAMSA	20 296	8 518	8 067	1 040	5 791
Subtotales grupos 2 a 9	288 518	112 040	181 876	2 953	205 578
Totales grupos 1 a 9:					
Considerando 1.a	2 296 066	1 159 252	1 129 228	13 770	714 150
Considerando 1.b	2 186 960	1 081 689	924 094	11 576	631 829
Considerando 1.c	786 399	378 681	625 692	3 467	480 030

[1] Totales obtenidos de la concentración expuesta en la tabla VI (429 empresas) del Anexo Informativo, eliminando, para evitar duplicaciones, las empresas: Negromex, Industria de Hierro, Condumex, Peñoles y TAMSA, pertenecientes a los grupos 3, 5, 7, 8 y 9 de esta tabla.

[2] Comprende actividades turísticas que representaron, aproximadamente, el 3% de las ventas y el 7% de los activos totales.

[3] Cifras depuradas eliminando las correspondientes a negocios avícolas y porcícolas del grupo. La depuración se basó en cifras del "Informe anual consolidado 1981".

[4] Datos de los ejercicios 1980.

[5] La cifra real no se pudo obtener. Estimación aplicando el porcentaje de rentabilidad promedio que sobre el capital contable al inicio del ejercicio resulta de los demás grupos privados de esta tabla, sin considerar Alfa. Se estima que es un cálculo conservador.

[6] Cifras obtenidas del "Resumen de actividades de 1981", eliminando, en las ventas, resultados y personal, los valores correspondientes a las actividades de las distribuidoras de vehículos. En activos totales y capital contable, no se tuvo información para proceder a estas eliminaciones.

industrial y en varios grupos de actividades, confirman y precisan muchas de las afirmaciones que se han hecho en las páginas anteriores de este libro, pero, muy principalmente, las siguientes:

☐ El estado no sólo ha llegado a ser, desde años atrás, el más importante industrial del país, sino a tan amplia diversificación, que todas las demás actividades, tanto privadas como de gestión estatal, mantienen vínculos productivos con él que son ineludibles.

☐ Adicionalmente, toda la población es consumidora, en muy importante medida, de sus productos y sus servicios y, por esto, su trascendencia en la sociedad es, en la actualidad, sumamente importante y, potencialmente, definitiva en cualquier momento.

☐ Las cifras confirman también que el crecimiento económico actual del país no se hubiera alcanzado sin las acciones directas de política económica industrial mantenidas consistentemente durante varias décadas por el Estado, y que ello es también una de las razones del crecimiento del sector privado.[18]

Sin embargo, de la tabla comparativa anterior se desprende una situación muy desfavorable del grupo estatal. Ésta es la del bajo valor absoluto de sus utilidades, así como de su rentabilidad que, además, no se compadece de sus mayoritarias participaciones en los totales conjuntos de activos, ventas y personal ocupado. Mientras que los resultados de siete de los grupos privados consignados (se excluye al Grupo Alfa), presentaron un rango de utilidades de 3.5 a 12.9% sobre ventas y de 7.1 a 15.5% sobre capital contable, los resultados del grupo de inversión estatal sólo representaron el 0.1% de. lo vendido

---

[18] Aquí no sólo se hace alusión a los volúmenes y condiciones de aprovisionamiento de insumos que el estado ha hecho posibles, sino, también, a otras condiciones favorables que ha creado y brindado al sector privado como son, para citar ejemplos relacionados con los grupos que de éste se comparan, las inversiones de capital (4 131 millones de pesos) que en cinco mantenía en 1981 y las compras que le hace y que son sustanciales dentro de sus ventas.

y el 0.2% del capital contable con que inició el ejercicio.[19] La importancia de esta situación amerita detenerse un poco más en ella para enfocarla con la mayor amplitud que la luz de las cifras con que se cuenta permita y llegar, con ello, a ciertas precisiones de interés.

Partiendo de la muestra que aporta la tabla VII del Anexo Informativo, que es amplia y confiable por concentrar valores de 294 empresas de las que se obtuvo información completa y representan, aproximadamente, el 85% de los de la totalidad que integran el grupo de inversión estatal, el análisis de su rentabilidad llega al siguiente resumen de conclusiones:

□ Comparando la suma de las participaciones que tenía el estado en las 294 empresas, con la suma de sus participaciones en los resultados de éstas (tanto en utilidades como en pérdidas), la rentabilidad fue de sólo 1%.

□ Si se elimina de las empresas anteriores a 58 (52 ingenios azucareros, 4 agrupadas en CONASUPO, a FERTIMEX y a la Comisión Federal de Electricidad) por objeciones que podrían hacerse de que sus resultados no son reales por haber sido subsidiadas y representan utilidades o pérdidas falsas, la rentabilidad de 236 empresas desciende a 0.1%.[20]

□ Si en una eliminación adicional a la anterior no se consideran las 78 empresas en que el estado participaba con menos del 25% del capital, se observa un mayor descenso de la rentabilidad al considerar a sólo 158, llegando al 0.01%.

□ Finalmente, si sólo se consideran las empresas en que el estado participaba con más del 50% e, igualmen-

---

[19] En la elaboración de estos porcentajes, se consideraron las cifras de la magnitud de agregación mínima de la tabla en cuestión.

[20] El tema de los subsidios a empresas de operación industrial plantea la discusión de si son ingresos aceptables o rechazables en la consideración de la rentabilidad. Esto deja de ser o es menos cuestionable en los casos de monopolios de estado como FERTIMEX y CFE y en empresas que subsidian el consumo de alimentos.

te, se eliminan de éstas a las subsidiadas citadas, la rentabilidad de las 102 restantes alcanza el 0.02%.

Así pues, el análisis anterior por rangos de participación y con exclusión de las entidades que aparecen subsidiadas permite afirmar que, en 1981, el grupo industrial de inversión estatal operó ligeramente arriba del punto de equilibrio en todos los casos de comparación. En cuanto a esta afirmación, debe advertirse y remarcarse que las utilidades que registró PEMEX fueron consideradas en su valor neto de balance, es decir sólo mil millones de pesos de los 245 mil que obtuvo como utilidad antes de impuestos, los cuales ascendieron a 244 mil millones.

Volviendo al significado y trascendencia de las inversiones industriales del estado, hay varias conclusiones adicionales a las formuladas que pueden extraerse de las cifras y cálculos expuestos. Las más importantes no son de tipo cuantitativo, o sea, no adquieren importancia en cuanto a magnitudes absolutas y relativas, sino que se desprenden de análisis de índole cualitativa. Desafortunadamente, todas ellas requieren de gran adición de información que no está disponible, en materias tales como productividades, costos, montos y condiciones de transferencias entre empresas, relaciones obrero-patronales, eficacia real de operación marginal en los mercados, etcétera.

Sin embargo, no se puede dejar de intentar el tratamiento de un aspecto del significado de la participación del estado en la industria (que obligadamente lleva también a la que mantiene en otros sectores de la producción y distribución), debido a su importancia social y política y discusión en ámbitos patronales y académicos. Éste es el de la significación que tiene la amplia presencia estatal en la industria, y en la economía en general, en el desarrollo del capitalismo en nuestro país.

Para abordar este tema, no resulta suficiente el instrumental analítico que es apropiado para el enjuiciamiento o explicación de la política económica, siendo necesario

recurrir a categorías de la economía política que contribuyen tanto a explicar las condiciones de funcionamiento
de una sociedad en un momento dado, así como a precisar
el estadio en que se halla su desenvolvimiento histórico.
Así, las preguntas a formular son ahora, partiendo del
tema general de la participación directa del estado en la
industria, si ésta, en sus magnitudes intensivas y extensi-
vas ilustradas y forma de operación, es expresión de un
capitalismo de estado o de un capitalismo monopolista
de estado. Como se ve, aquí se está eliminando del planteamiento la afirmación de algunos representantes del
sector privado, que señalan que en nuestro país se dan
características de un "socialismo de estado". Ésta se des-
carta por no tener fundamento teórico o real.

No se escapará a los lectores que en este momento se
están mencionando enfoques que rebasan el ámbito económico. Sin embargo, dado que el propósito no es llegar
aquí hasta las implicaciones políticas y, más aún, ideo-
lógicas, que el tema en su planteamiento original tiene,
podrían sustituirse los términos aludidos por los siguientes planteamientos: ¿qué significado real tiene decir que
en México priva una economía mixta? ¿Es mixta porque
hay un empresario estatal y empresarios privados que
actúan independientemente y de acuerdo a ideologías y
formas concretas diferentes?, o porque hay enlaces entre
ambos que resultan indisolubles ya que de ellos ha de-
pendido y depende el desarrollo del sistema y, por tanto,
sólo se reparten una tarea que tiene un propósito común.

Considerando exclusivamente el significado cuantitativo de las cifras globales que hasta aquí se han expuesto,
es decir: que la industria de propiedad y participación estatal aporta más del 22% de las ventas de la planta industrial nacional y que representa, además, porcentajes
muy elevados de la producción de varios grupos de actividades industriales, y aun totales en otros por operar 24
empresas constitutivas de 20 monopolios en las que es
propietario único o accionista mayoritario, se puede llegar
a la rápida conclusión de que el estado es un empresario

más en el país y catalogable como monopolista. Dado que en su numeroso y valioso grupo de empresas, su comportamiento como empleador del mayor conjunto obrero del país se ciñe estrictamente a las relaciones sociales de producción propias de dicho sistema y que la mayor parte de tales empresas compiten en el mercado persiguiendo utilidades que muchas logran, podría añadirse que es el monopolio capitalista más grande del país, incluso mayor que la suma de los principales privados.

Si adicionalmente a esta estructura industrial de su injerencia se agrega toda la serie de actividades que no sólo son productoras de servicios públicos en cuanto que, al mismo tiempo apoyan a sus empresas mediante las interrelaciones financieras y productivas que mantienen, tales como transportes ferroviarios y aéreos, comunicaciones electrónicas, empresas inmobiliarias y comerciales, así como diferentes institutos y organismos dedicados a las ciencias y técnicas industriales que sostiene el gobierno, se descubre otra característica que agregar a su definición de grupo, pudiéndose entonces expresar que el estado mexicano posee la entidad monopolística capitalista más grande y más integrada del país. Con la adición de las actividades mencionadas, su tamaño y peso relativo en la economía nacional, se agrandan importantemente.

Siguiendo el análisis por agregación de actividades, el monopolio estatal en cuestión, que por las añadidas ya no es sólo industrial, revela su máxima magnitud y perfección de integración al sumarse las actividades que muchas sociedades de su total o mayoritaria propiedad realizan desde hace tiempo en el terreno de la banca y del crédito, actividades que, recientemente, ha llegado a monopolizar, obteniendo lucro, [21] no obstante la orientación de función social que se pretende darle.

Todas las anteriores adiciones de actividades económicas no desvirtúan su caracterización capitalista y sí

---

[21] El Presidente de la República y el Secretario de Hacienda y Crédito Público han manifestado en foros públicos que la banca estatal obtendrá utilidades de 15 mil millones de pesos en 1983.

acentúan la del monopolio. Frente a estos hechos irrefutables, se puede afirmar que *México es un país en que el desenvolvimiento del sistema capitalista ha llegado a su estadio monopolista y que está caracterizado por la coexistencia de grupos monopolistas privados y un enorme monopolio estatal (integrado industrial, comercial y financieramente), entre los que se dan importantes vínculos financieros y de copropiedad, al mismo tiempo que coexiste un gran número de empresas de diferentes tamaños y actividades que operan todavía en mercados de libre competencia.*

Ahora bien, si las relaciones de producción que imperan en las empresas industriales y no industriales del estado hacen de la estructura que conforman una entidad capitalista, y su amplísimo esquema de integración y peso específico en muchos sectores y en la economía total la determinan monopolista, sólo queda analizar su comportamiento en el mercado para acabar de definir la existencia del capitalismo monopolista de estado. Sin embargo, en este aspecto, debe considerarse que no todos los organismos y empresas de inversión estatal fueron diseñados y operan para generar utilidades y, por otra parte, el que los restantes han cambiado, a través del tiempo, su conducta comercial.

Eliminando a los organismos y empresas primeramente aludidas (en que se encontrarían las industrias CONASUPO y los ingenios azucareros), las demás entidades mantuvieron cierta conducta en el mercado que, hasta 1982, se distinguía por una llamémosla despreocupación hacia el propósito capitalista prioritario de obtención de utilidades a través de sus precios. A partir de 1983, esta "displicencia" desaparece y se establece el principio del cese de subsidios, que incluso ya se ha aplicado a algunas de las antes eliminadas, como los ingenios azucareros.

Los hechos reales de interés en el análisis que se está haciendo son que, durante un largo período de años, las más importantes empresas y organismos de mayoría o propiedad estatal operaron deliberadamente en el mercado abajo de sus costos o congelando sus niveles absolutos de utilidades, desaprovechando así su posición monopólica para ampliar sus ganancias y que, si bien es cierto que los subsidios que esta conducta significaban beneficiaban, en algunos casos, a toda la población, es obvio también que las más importantes lo hacían muy principalmente a la industria privada, en la que destacaron como mayores consumidores subsidiados los grupos monopolistas.

Adicionalmente, las empresas privadas recibían otros subsidios que se les otorgaban por medio de las entidades financieras estatales, a través de créditos a tasas y condiciones preferenciales, que significaron, durante muchos años, costos reales superiores para el gobierno. Estos subsidios se magnificaron, entre los años 1976 y 1982, por efecto de las devaluaciones, ya que los fondos provenían no sólo de aportaciones fiduciarias del gobierno federal sino, también, en proporción en muchos casos importante, de créditos en dólares concedidos al gobierno por instituciones internacionales de fomento, que se canalizaron a los empresarios privados en créditos documentados en moneda nacional.

Lo analizado hace evidente que, hasta 1982, el estado operó desarrollando al sistema en dos vertientes: en una, con la creación, ampliación y rescate de empresas que el subdesarrollo capitalista del país no permitía al sector privado protagonizar o sostener y, en la otra, impulsando el crecimiento del sector industrial privado con la venta creciente de insumos generales básicos a precios prácticamente estables y subsidiados; con la suscripción de participaciones de capital minoritarias en empresas privadas y con el otorgamiento de créditos abajo del costo real, a través tanto de la banca estatal como de la privada. Ésta, incluso, se beneficiaba con diferenciales que se le otorgaban por la intermediación de los fondos públicos (fondos que sólo utilizaba cuando mermaban sus disponibilidades líquidas, puesto que cuando eran abundantes, prestaban sus recursos propios a mayores tasas), absorbiendo el estado los cargos fijos por ''disponibilidad inmediata" o las tasas completas de los recursos externos con que parcialmente se integraban los fondos fiduciarios de préstamo.

Se podría concluir, en términos muy resumidos, que el complejo o complejos de empresas estatales, no obstante su estructura monopólica y relaciones sociales capitalistas, al igual que los fondos de fomento, no hacían ningún negocio lucrativo para sí, pero lo trasladaban al sector privado, que llegó a tener niveles de rentabilidad en los últimos años del último decenio sin precedentes, que fortalecieron su crecimiento y expansión.

Es indudable que la anterior situación, existente hasta 1982, configuró un capitalismo monopolista de estado que, además, afirmaba su carácter con otras conductas estatales de fomento a la empresa privada en los campos fiscal, arancelario, laboral y de la inversión pública de la infraestructura económica.

Ahora bien, a partir de 1983, muchas de las situaciones prevalecientes hasta el año anterior empiezan a dejar de existir. Ya se dijo que los precios de los bienes y servicios de las más importantes empresas del grupo estatal monopolista dejan de ser subsidiadores, continuando sólo con este carácter algunos que son de beneficio al consumo y servicio popular. Incluso, el crecimiento de los precios en relación a los costos se garantiza al sujetar su variación a la evolución de la inflación. También se disminuye la dinámica de creación de nuevas empresas por el estado y declara que liquidará las no rentables. Adicionalmente, se estatiza la banca, inhibiendo con ello un factor importante de crecimiento de los grupos industriales privados, cancelándoles gran parte del buen negocio bancario, que toma para sí el estado, aunque, al mismo tiempo, devuelve la propiedad de acciones industriales y de otros negocios financieros a los antiguos propietarios de las instituciones estatalizadas, que significan buenos negocios y constituyen la base de un sistema financiero que desarrollarán paralelo al estatal.

Los anteriores hechos, no obstante las incongruencias,

parecen ir debilitando la evolución del capitalismo monopolista de estado y reforzando la preeminencia del capitalismo de estado. Esta hipótesis podría reforzarse señalando que síntomas de ello son la actual e incisiva crítica del sector privado a las empresas del estado, así como a la utilización preferentemente estatal de los recursos crediticios, y la preocupación activa del gobierno por la rentabilidad de sus inversiones industriales afectando los costos del sector privado.

Sin embargo, queda en duda si este aparente cambio gubernamental obedece sólo a situaciones coyunturales o a un cambio político radical duradero que reconoce el verdadero nivel de subdesarrollo de la economía y, por lo tanto, del potencial del sistema, basado en un pensamiento de la alta burocracia estatal, determinado por el temor de debilitamiento de su poder político hegemónico, que podría expresarse imaginariamente de la siguiente forma: no me es posible seguir sosteniendo la etapa del capitalismo monopolista de estado, debido a que el propio subdesarrollo del país me limita financieramente y sólo me permite y obliga a desarrollar las empresas básicas que ya poseo, para lo cual necesito que obtengan utilidades dejando de ser suministradoras de subsidios, para convertirme en proveedor creciente y rentable, de la infraestructura industrial que requiere el desarrollo del país.

De ser cierto el pensamiento anterior[22] y acorde a él la actuación del estado, la política económica futura llevará sin remedio al gobierno a enfrentar el problema político más importante y trascendente, que es el de sus alternativas de alianza social: con los grupos empresariales o con los grupos populares, principalmente los obreros y campesinos.

No hay duda que en el capitalismo de estado la venta o cierre de empresas será aplaudida por los empresarios,

---

[22] En el Plan Nacional de Desarrollo, en el punto 3 de su apartado 6, correspondiente a "Política de Empresa Pública", el lector encontrará varias declaraciones que dan realismo a este hipotético pensamiento.

pero no lo serán los incrementos de precios de los bienes y servicios que tendrán que pagar a las empresas que conserve el estado si no se permite o se puede hacer su traslado a los consumidores por impedimentos legales o por reacción de la demanda.

La expansión de la infraestructura industrial estatal, la recuperación y ampliación de las empresas privadas podría intentarse por las vías de incrementos de precios de ambas y de los impuestos al consumo que estos incrementos piramidarían.

Ante las limitantes de la anterior política y las que se dan para un mayor endeudamiento, existe también la alternativa de mayores gravámenes progresivos al ingreso de las empresas y de las personas. O sea, por esta vía fiscal los propietarios de las empresas y los otros receptores de altos ingresos pagarían la expansión de la infraestructura industrial.

Seguir el camino de que los consumidores sean los que capitalicen totalmente el aparato productivo es la opción tentadora, seguida hasta ahora para salir de la crisis, pero entrañan un alto costo social y político y tiene límites simplemente económicos.

Como se puede ver, quedan muchas cuestiones a meditar sobre la conducta del estado para el desarrollo futuro del país. El capitalismo monopolista de estado (o la economía mixta en su acostumbrada forma operativa), a que se llegó o se tendía, ha entrado en una gran contradicción, agotando por ahora al parecer sus posibilidades de seguir desarrollando al sistema mexicano. El capitalismo de estado, por su parte, entraña nuevas contradicciones con el abatimiento de los niveles de vida de las mayorías, que harían crisis en la consecuente represión de la inconformidad social.

Parece no haber duda que el México de la década de los ochenta será gobernado en forma totalmente distinta, si para el bien o para mal de la mayor parte de sus ciudadanos, lo decidirá, en primer instancia, el estado.

IV. FACTORES QUE OBSTACULIZAN EL DESARROLLO DE LAS EMPRESAS INDUSTRIALES DE INVERSIÓN ESTATAL

En el capítulo II de este trabajo se señaló que las empresas industriales de inversión estatal no pueden continuar operando en nuestra sociedad enjuiciadas únicamente por la acostumbrada crítica insuficiente. Insuficiente en cuanto superficial y parcial, e imposible de permanecer en tanto que, vinculada a intereses de grupos sociales minoritarios, y sometida a una administración que no responde ni informa ni rinde cuentas, va desprendiendo de la conciencia y acción sociales a las inversiones industriales del estado mediante un proceso de enajenación que convierte en *cossa nostra* una importante cosa nuestra.

Consecuente con lo anterior, la intención fundamental de todo lo que hasta aquí se ha dicho es contribuir a atraer la atención sobre estas situaciones y riesgos, argumentando y divulgando información y realidades positivas y negativas que no son de dominio público, para ayudar a convencer de la necesidad de cambios y proporcionar elementos para animar a una amplia discusión defensiva.

Continuando en esta posición, en este apartado se señalan circunstancias que, de acuerdo con la experiencia del autor como miembro de los consejos de administración de más de treinta y cinco empresas industriales de inversión estatal, constantemente en la mayoría de ellas durante un período de casi diez años, concluidos en el último tercio de 1982, afectaban su desenvolvimiento en forma casi generalizada y que, por tanto, eran reflejo de la conciencia y actitudes empresariales del estado en la realidad concreta que sus administradores determinaban, independientemente de la que oficialmente se declaraba.

92 FACTORES QUE OBSTACULIZAN EL DESARROLLO

Sin embargo, lo que aquí podría decirse como prevaleciente hasta ese pasado muy cercano, puede escribirse en tiempo presente, pues no obstante que algo de lo que ocurría a las empresas ha desaparecido en tan corto tiempo —así es la prestidigitación mexicana—, lo sustancial criticable permanece. Así pues, en forma más precisa, este apartado se dedica a describir algunas situaciones de administración pública y empresaria en que se encuentran las empresas industriales de "minoría" y "mayoría estatal", a la luz de la realidad práctica de hace un año y de investigaciones y conversaciones actuales con personas involucradas, así como de la lectura de la legislación vigente hasta 1983,[1] que las hacen padecer por ser incompatibles con la práctica y naturaleza industriales, limitándolas operativamente o divorciándolas de su cometido social y función política. Se trata, como puede verse, de desarrollar en cierta medida algunos de los temas que están incluidos en el catálogo de temas de crítica esbozado en el mencionado capítulo II.

1. CRITERIOS DE DESIGNACIÓN DE DIRECTORES O GERENTES Y CONSEJEROS. FUNCIONAMIENTO DE LOS ÓRGANOS DE DECISIÓN Y SUS REPERCUSIONES

Resulta válido afirmar, enfáticamente, que muchas empresas, principalmente de mayoría estatal, hubieran llegado a 1981 y 1982 con una mucho mejor situación en todos sus aspectos y operación, si sólo se les hubiera sustituido, oportunamente, a sus directores o gerentes. Algunas sustituciones, que podrían relatarse, soportan esta opinión.

La anterior afirmación, que obviamente implica el que un gran número de entidades (actualmente el autor no tiene bases para opinar sobre la magnitud del fenómeno) no estaban administradas por las personas adecuadas, re-

---

[1] Véase el Anexo Informativo, el resumen y ordenación temática de las disposiciones legales que norman particularmente la administración y vigilancia de las entidades paraestatales, elaborado para sustentar las afirmaciones que aquí se hacen.

quiere ser aclarada en cuanto a que, en muchos casos, esta descalificación no se daba en lo que respecta a la calidad de los directivos como personas, ni tampoco que fuera absoluta pues la tenían probada en otras funciones de la administración pública. Como diría de estos casos un empresario norteamericano, eran *the right men in the wrong places*; aunque sí hubo, como lo han demostrado auditorías o investigaciones policiacas, directivos nefastos, que lo hubieran sido —o seguro lo fueron— en otros puestos públicos de confianza.

De desacertadas designaciones de directores de empresas públicas hay en nuestro país una desafortunada tradición que se podría tratar de justificar señalando que también existe en otros países. Sin embargo, el que esto sea un mal de muchos no lo hace menor en sus efectos negativos. Lo verdaderamente importante de esto son pues las razones de la alta frecuencia mexicana y las formas en que el fenómeno afecta particularmente a nuestro país.

En cuanto a las razones, varias de ellas se resumen, para gran parte de la población, en apellidos-símbolos-de poder de varios de los designados, siempre repetidos no por insustituibilidad administrativa, sino por su atribuida gran versatilidad funcional: políticos relevantes "en receso"; diplomáticos repatriados que arribaban al país después de las principales designaciones de la administración en turno; nuevos y jóvenes personajes con viejos apellidos de aureola política; antiguos líderes sindicales, para funcionar como "cuñas del mismo palo"; ex gobernadores, etc. Así, estas razones de designación son las que la gente llama "políticas". Esto no quiere decir que no se registren también inadecuados nombramientos accidentales[2] o hayan privado criterios subjetivos en la designación de personas con "influencia", que se resumen en ese término tan popular y tan certero que es el "ami-

---

[2] Como los que se encuentran en el grupo de empresas transferidas del sector privado por deudas, en que los nombramientos recayeron en personas que pertenecían a departamentos jurídicos o administrativos que fungieron como liquidadores de empresas que a la postre no se clausuraron.

guismo''. Decir esto no es querer usar en asunto tan serio
un adjetivo vulgar y manoseado, sino describir con su
esencia una realidad que aparece como todo un sistema,
muy fácil de ser visualizado con numerosos ejemplos, y
que podría ser definido como actitudes y decisiones re-
petitivas, que obedecen a un razonamiento que supone
que la lealtad del amigo o del íntimo es equivalente a la
confianza en la capacidad probada y adecuada para
un puesto de responsabilidad perfectamente definido. En
el fondo, y pensando sin suspicacia, se exalta la cualidad
humana de la lealtad hasta imaginar que ella obliga a la
capacidad.[3]

Sin embargo, cabe preguntar por qué en nuestro país
la ineficiencia de estos directivos designados en las formas señaladas, una vez probada, no lleva a la enmienda
del error (y sí a su reincidencia) por parte de quienes deben hacerla: los consejos de administración. Parte de la
respuesta se encuentra en que, en éstos, la ineficiencia
existe también, debida, en gran medida, a que los criterios
para la designación de los consejeros son tan inadecuados
como los que se utilizan para la de directores y gerentes
pero, en mayor medida aún, a que muchas de las presi-
dencias de los consejos eran inherentes a puestos de la
administración pública central y por tanto sin condicio-
namiento a capacidades adecuadas. Por esta razón, se han
dado los siguientes casos sin que los actores hayan tenido experiencia previa en administración de empresas: que
un ingeniero agrónomo se vea obligado a desempeñarse
eficazmente como presidente del consejo de administración de una empresa industrial productora de triplay y
de una comercializadora de madera; que un ingeniero civil
presida el órgano de administración de una compañía
aérea; que un abogado ilustre en el ejercicio de su profe-

---

[3] Un extranjero ha dado la siguiente definición de ''compadrazgo'' en México:
''. . .es el modo dominante en la distribución de los cargos. Es mucho más importante a quién conoce uno que lo que uno conoce. Los contactos importan más que
ser competente''. Russell L. Ackoff, *Un nuevo enfoque a la planeación del desarrollo nacional*, traducción del Instituto Nacional de Administración Pública del artículo publicado en *Journal of Operations Research*, 1978.

sión debiera, por su puesto público, presidir consejos de administración de empresas textiles, papeleras, metal-mecánicas y automotrices. Aquí también hay una suposición extralógica, que incluso las leyes validan: el don de la inteligencia no requiere de conocimientos o experiencia especializados.

Pero, de cualquier forma, las anteriores incongruencias no explican que todos los miembros de un consejo no se enteren de la mala y permanente situación de la empresa bajo su responsabilidad y que, incluso, por contrastre con la situación de otras que sí operan adecuadamente, no sean capaces de identificar a un mal director y, por tanto, decidir oportunamente su remoción. En los casos en que ésta se da es por decisión "muy superior" y ante una catástrofe industrial consumada; se enjuicia siempre al director o gerente; la culpa es siempre de éste y nunca del consejo o del comisario (que incluso tiene responsabilidad legal de informar de anomalías), que observaron venir, paso a paso, el desastre.

Una explicación de esta aparente negligencia podría encontrarse en la disciplina política de los funcionarios públicos, que queda bien resumida en una frase que uno relevante relató al autor como dicha por el ex presidente López Mateos: "el primer mandamiento de los funcionarios públicos es: protegeos los unos a los otros". Esto, que no se dice con propósito mordaz, no sería sin embargo la única razón; tal vez la que frecuentemente se suma con mayor peso y que principalmente afecta a las entidades con participación mayoritaria estatal es el "fuero" político que algunos directores disfrutan por su designación presidencial o secretarial que, por ella, resulta equivalente a la de un secretario o subsecretario de estado.

Aunado a lo anterior, hasta 1982, en que se permitía el pago de honorarios a los consejeros, las secretarías y dependencias de Estado, que por sus atribuciones tenían que hacer designaciones, lo hacían frecuentemente con el criterio ligero de dar compensaciones a funcionarios

menores de sueldos relativamente bajos. Con esta práctica tales órganos de dirección se encontraban nutridos
de personas que no sólo nunca antes habían tenido contacto con la macroeconomía industrial o con empresas
industriales, sino que, a menudo, estos funcionarios estaban en los primeros escalones de su carrera en la administración pública y eran casi recién egresados de los ámbitos
academicos.

Estas razones de retribución ya no deberán operar, pues
las últimas modificaciones a la Ley Orgánica de la Administración Pública no sólo no permiten el pago de tales
compensaciones, sino que introducen disposiciones cla-
ras sobre la jerarquía burocrática que deben tener los consejeros, aunque no sobre su capacidad.

Las mencionadas distorsiones en la valorización de directores, gerentes, consejeros y administradores han res-
tado seriedad y eficiencia a la administración paraestatal,
al convertirla, en importante medida, afortunadamente
no totalmente, en cuestión de intuición, de "sentido común" o de teorías, dejando de serlo de experiencia administrativa industrial y de conocimientos técnicos. Esta
situación, aunada a la investidura política de los presidentes de una gran parte de los consejos, inhibe la discusión
en sus sesiones y los acuerdos se producen como acata-
miento de indiscutibles propuestas de sus presidentes.

Todas estas circunstancias determinan que, frecuentemente, los consejos no sean las contrapartes ilustradas
para entender, o facultadas para cuestionar, a fondo, los
diferentes capítulos de los informes que presentan a los
consejos los directores o gerentes. En cambio, muchos
de los funcionarios públicos participantes en ellos en-
tienden su función como, exclusivamente, de vigilancia
de la honradez y conducta política de los directivos y del
cumplimiento de las disposiciones generales emitidas por
las dependencias a que pertenecen y por ello aplican, en
las funciones necesariamente objetivas, concretas y com-
plicadas de un consejo de administración, la suspicacia,
en vez de la perspicacia; el reglamento en lugar de la ima-

gina ;ión; la aritmética en vez de la matemática; el poder
en vez de la razón; la duda deliberadamente dilatoria en
los momentos que se requiere de la experiencia y facultad decisorias, y el discurso a cambio del análisis. Las
consecuencias de todo esto son funestas.

La eficiencia productiva se analiza, preponderantemen-
te, como volúmenes físicos absolutos de producción ter-
minada, o como la existencia y monto de utilidades y no
como productividades de factores y de cumplimiento de
objetivos. La falta de experiencia e información derivan
también en la ausencia de comparaciones con otras empresas industriales semejantes del país o del extranjero
y en que no se planteen alternativas productivas para la
utilización de los recursos.

Tampoco, en muchos casos, los consejos y los directores muestran tener cabal conciencia de que la industria es una actividad en donde se realizan combi-
naciones técnicas delicadas en tiempos necesariamente
oportunos y, por ello, se apartan de la teoría validada
por la práctica.

Por otra parte, las empresas se "congelan" en su desarrollo por no serles claro el concepto de las "cadenas
industriales" y, por ello, la mayor parte de ellas carecen
de programas de integración, diversificación o coordinación, que podrían incrementar sus operaciones, ingresos,
rentabilidad y eficacia social.

Estas mezclas de consejeros inexpertos, de políticos presidentes de consejos y de directores poco avezados en la
operación y administración industrial generan, en un importante número de empresas, una serie de distorsiones
en los debates y acuerdos, que diluyen, con consecuencias
graves, las fronteras de la división de funciones y responsabilidades. Así, los acuerdos que involucran acciones de
las dependencias representadas, vitales para las empresas, no se llegan a cumplir puesto que los directivos quedan en espera de las acciones del consejero o presidente
secretariales respectivos, que no se producen por olvido
en muchas ocasiones o porque en su otro carácter de fun-

cionarios gubernamentales no están de acuerdo,[4] creando un estado de ficción consistente en que si bien los consejeros y el presidente son designados porque sus dependencias, debido a sus atribuciones, son las que mejor pueden ayudar, en la realidad deciden muchas veces en forma diferente u opuesta como funcionarios públicos. Mucha de esta incongruencia se debe a que consideran que no deben concederle a las empresas estatales aquello que no pueden políticamente otorgar a las privadas, o bien, al contrario, sacrifican a las públicas que presiden para obtener resultados o tranquilidad en el ámbito privado. Así, se hace tabla rasa de las diferencias que, forzosamente, hay y deben mantenerse entre ambos tipos de empresas.

Es imposible dar por escrito una idea cabal de las repercusiones negativas que lo dicho en este apretado inciso ha afectado y afecta el desempeño de varias e importantes entidades públicas. Es tanto su alcance en todos los ámbitos de la gestión, que no resulta exagerado decir que los procedimientos con que se designan los directores, gerentes, presidentes y miembros de los consejos son causantes de casi todas las demás condiciones criticables: del desperdicio de recursos, del endeudamiento excesivo,

---

[4] Jorge Barenstein destaca, de las conclusiones del conocido "Informe Nora" (elaborado por el Comité Interministerial de Empresas Públicas creado por el gobierno francés), las siguientes que afectaban al sector industrial paraestatal de Francia: ". . .la confusión de los poderes y de las responsabilidades sostiene, en los diversos actores (directivos y funcionarios), una autosatisfacción mezclada con resentimiento respecto a sus contrapartes. Ella refuerza así la tendencia conservadora que es la propia de toda estructura compleja. Las dificultades experimentadas por cada uno son en efecto balanceadas a menudo por una cierta complacencia con un estado de cosas que da a todos la sensación de estar presentes allí donde se ejerce la decisión, pero que no obliga a ninguno a ser el principal responsable de los arbitrajes difíciles, de los resultados, si ocurre que sean negativos y de las reformas de estructuras, aun cuando todos las reclaman". *La gestión de empresas públicas en México*, Centro de Investigación y Docencia Económicas, México, 1982, p. 130. Por lo que respecta a la realidad nacional sobre estas cuestiones, el ex secretario José Andrés de Oteyza declaró: ". . .yo creo que la corrupción es un mal ancestral en el país, no creo que sea característica de ningún régimen en particular", y, a pregunta expresa del reportero sobre si como presidente del consejo de administración de PEMEX no se dio cuenta de los manejos de Díaz Serrano expresó: "no se plantean las cosas así joven. Yo fui presidente de un consejo integrado por varios secretarios de estado, entre ellos el señor secretario de Hacienda, de Programación y Presupuesto, de Comercio, en fin, prácticamente el gabinete económico en pleno dirigiendo la política general de la institución". *Unomásuno*, 8 de diciembre de 1983.

de la baja eficiencia productiva, de muchos conflictos laborales, etcétera.

Dada la realidad descrita, resulta muy cuestionable la Ley Orgánica de la Administración Pública en lo que concierne a la administración pública paraestatal. En primer término porque lleva a presidir los consejos de administración de todas las empresas, o de las más importantes cuando menos, a quienes ostentan la titularidad de las secretarías de estado coordinadoras de sector y no a quienes tienen la capacidad administrativa, y tampoco exige experiencia probada a directivos y consejeros.

Es obvio que no es necesario, con algunas pocas excepciones, que la presidencia de un consejo esté bajo la responsabilidad personal de quien desempeñe determinados puestos políticos, para que las empresas actúen conforme a los propósitos gubernamentales. Pensar en lo contrario es compartir la idea de que la centralización y la presencia de la autoridad garantizan por sí mismas la buena operación (independientemente de las capacidades de los designados), debido al sometimiento que lleva a pedir autorizaciones para todo. En este asunto, es necesario entender, tan claramente como es visible en las reuniones de los consejos, que las decisiones de un secretario de estado o subsecretario, que pueden o no estar sustentadas en la realidad práctica de las empresas que presiden, frente a un grupo de consejeros jerárquicamente subordinados a él y a un director, también subordinado y que tal vez no sea experto en la actividad industrial involucrada, adquieren carácter de órdenes que no se discuten y, por tanto, invaden y anulan la autoridad y la responsabilidad de la administración interna. Sin embargo, esta situación obvia es la que precisamente propician las normas de la administración pública paraestatal. Se considera necesario volver a insistir: gobernar un grupo industrial no es lo mismo que administrarlo; esto último debe ser siempre materia de grupos de expertos, mas no de políticos improvisados como empresarios, que, a su vez, improvisan directores o lidian con los políticamente nombrados.

Los comportamientos que deban seguir las empresas para el alcance de los fines sociales y políticos del estado se pueden lograr, indudablemente, sin la presencia obligada, que bien podría ser en todo caso solicitada cuando fuera necesario, de estos funcionarios en los consejos de administración y con directores capaces que no siempre se encuentran en las filas de la bucrocracia o en el ámbito social o familiar de los responsables de la designación.

Con lo anterior no se está postulando que el gobierno deba ser un factor neutral o sólo espectador de la operación de sus empresas; por el contrario, debe evitar que éstas tengan un desempeño encauzado por el libre albedrío de cada uno de sus administradores, como sucede de todos modos cuando el poder o influencia política de éstos son superiores a los de los presidentes de consejo o consejeros.

Lo que se destaca de lo dicho, incluso con perfil de imposible, es la pretención de que los secretarios de estado presidan los consejos de administración de las empresas que realicen funciones que tengan relación con sus áreas de administración pública, sean o no profesionales expertos o ignorantes en las materias de producción y administración industriales involucradas y que estén preocupados y ocupados en disponer cómo debe ser su administración y ejercer la vigilancia de que ello se cumpla. Estas funciones distraen y comprometen a estos funcionarios y permiten que las empresas sean instrumentos políticos personales.

Sin embargo, las últimas modificaciones a la Ley Orgánica de la Administración Pública Federal, sin menoscabo de sus obvias intenciones de disciplinar a las entidades paraestatales, no cambian las causas del mal o insuficiente desempeño de éstas; por el contrario las refuerza y hará más dificultosa y pesada la administración, pues pone toda ella en manos de la burocracia,[5] anulando la personalidad que tenían las instituciones financieras titulares

[5] Con el agravante de desarticular la administración al hacer intervenir a varias dependencias, de igual jerarquía, en una misma función (consejos de administración) y al asignar a otras diversas, funciones específicas adicionales.

de las acciones, así como a sus grupos técnicos, que las vigilaban o administraban y apoyaban en interés propio.

Se puede observar que casi todo lo que las modificaciones legales mencionadas disponen ahora para las entidades paraestatales se hacía desde antes en la práctica y que sus propósitos esenciales son el de mayor vigilancia y de responzabilizar más a los secretarios de estado. La ahora mayor persecución de estos fines condujo a una ley (y a sus disposiciones derivadas) que, prácticamente, es de autorizaciones, reportes y auditorías, pero en ningún caso se hace precisión de los requerimientos de capacidad que deben cubrir los presidentes de los consejos (por imposibilidad de someter a ellos a los secretarios de estado) ni los directores o gerentes ni los consejeros, o sea, vuelven a quedar estas designaciones sujetas a los mismos procedimientos que en tantas empresas han demostrado ser desastrosos.

En términos generales, lo que hace falta, en primer término, es la existencia de una sola secretaría de estado responsable de todas las inversiones industriales del estado, técnicamente encabezada y capacitada con la mejor gente del país, reclutada dentro del gobierno y en el mercado de trabajo, para realizar la *totalidad* de las funciones inherentes a la administración y supervisión de un grupo industrial. Capacitada también para seleccionar a los ejecutivos de las empresas y para integrar consejos comunes para grupos de empresas semejantes, con funcionarios propios y de las empresas mismas. En otras palabras, una secretaría de estado *administradora* del patrimonio industrial estatal, sin *interferencias políticas* en su operación, aunque obligadamente ceñida a las directrices de la conducción económica y política del país.

Lo que hace falta es que los funcionarios encargados de la conducción política, colegiados con los de la económica, estructuren —y con esto tendrían bastante— el plan bien definido de acción conjunta de las entidades industriales en función de los problemas y metas nacionales, del cual se derive un programa de operación y desarrollo como grupo y específico por sectores, cuya ejecución y cumplimiento serían funciones y responsabilidad total de la secretaría de estado mencionada.

Obviamente, esta secretaría debe tener muy presentes los males y errores actuales que su creación quiere resolver, entre ellos el de las razones de la casi nula libertad y autoridad propia de los directivos de la totalidad de las empresas, pues no es lógico ni funcional tratarlos como menores de edad o como "muchachos problema" que hay que vigilar y someter a autorizaciones previas en casi todo lo que hacen. También hay que dar, consecuentemente con la que se otorgue a los directivos, libertad a los consejos de administración una vez integrados con miembros idóneos y capacitados. Darles plena autoridad para designar y remover a sus miembros y a los ejecutivos, provengan de donde hayan provenido.

2. LA SITUACIÓN TECNOLÓGICA EN PROCESOS, EQUIPOS Y PRODUCTOS

Con excepción de las empresas recientemente establecidas, se puede decir que, como grupo, el industrial estatal no es de vanguardia o de lo que podría considerarse razonablemente como de actualidad tecnológica. Sin embargo, esta situación no es homogénea; no todas las empresas se encuentran ancladas en iguales estadios tecnológicos del pasado, ni las instalaciones, procesos o productos de cada una de las rezagadas tienen el mismo grado de atraso. De hecho conviven en cada una diferentes edades técnicas; frecuentemente tantas casi como ampliaciones se hayan llevado a cabo, aunque hay casos de empresas como Zincamex y la mayor parte de las textiles de fibras naturales, así como los de algunas mineras y un gran número de ingenios, que sobreviven con obsolescencias física y técnica generalizadas en sus plantas productivas.

Las anteriores afirmaciones son en mayor grado válidas para aquellas empresas de mayoría o totalidad estatal. Por esta razón, las que resienten en mayor grado y frecuencia lo anterior son las que se han agrupado en este estudio como de propiedad directa del gobierno federal. El atraso a que se ha hecho referencia no es sólo respecto a los niveles internacionales, sino a los nacionales, aunque debe aclararse que existen empresas estatales que son las más avanzadas en el país en sus respectivos campos de actividad.

Si bien en la situación precaria mencionada tiene responsabilidad la escasez relativa de recursos, más la tienen las ineficientes y conservadoras administraciones, tanto interna como pública. La interna por su incapacidad frecuente de diagnóstico, por su limitada habilidad para desarrollar y plantear proyectos sustitutivos o innovadores y por el ejercicio de prácticas que escamotean los gastos de mantenimiento en busca de aparentes mejores resultados.

Las situaciones señaladas explican en mucho el que 58 empresas de las aludidas en el primer párrafo de este inciso hayan tenido pérdidas conjuntas, en el solo año de 1981, de 3 867 millones de pesos con ventas de 28 225 y activos de 65 500 y que, otras tres, hayan obtenido utilidades de únicamente 51 millones siendo que sus activos totales ascendían a 1 179 millones y sus ventas fueron de 975 en dicho año.[6]

Como se puede inferir de las cifras anteriores, el problema de estas empresas de competencia en el mercado tomadas como ejemplos no fue la inexistencia de mercado para sus productos o la falta de recursos aplicados, sino su incapacidad para producir a costos adecuados volúmenes suficientes y calidades de mayor valor agregado. Estas causas no son hipótesis que aquí se postulan, sino realidades que la simple observación de los equipos, procesos y productos revelan y que los estados financieros precisan: ingenios que semejan almacenes de chatarra; empresas textiles como Comercial de Telas, Avantram, Hilos Cadena, Ayotla Textil y Textil Bella Vista son verdaderos museos de maquinaria; Zincamex, instalada, des-

[6] Cifras extraídas del Anexo Informativo.

de su inauguración, con técnica obsoleta; Sosa Texcoco, envejecida y sujeta a una materia prima de calidad fluctuante y cuyo abastecimiento limitado no le permite ampliarse, y otras empresas más, dibujan un paisaje industrial deprimente. En este conjunto, los recursos aplicados, paradójicamente, parecen en efecto elevados; pero los estados financieros vuelven a mostrar la realidad: la mayor parte de tales recursos son créditos acumulados otorgados por instituciones públicas, en çasi todos los casos impagables pero gravosos, sustitutivos de los capitales perdidos en el transcurso de varios años, hasta el caso extremo de existir empresas que financieramente son verdaderas entelequias, es decir, que por mostrar capitales contables negativos, financiera y legalmente ya no existen y "sin embargo se mueven" gracias a financiamientos irrecuperables.

¡Hay que cerrarlas!, es el clamor de muchas voces antiguas y de otras nuevas. Pero, y los miles de empleos que ellas representan y los casi 30 mil millones de productos que aportaron a la oferta nacional en 1981, ¿quién los va a suplir? Las mismas voces responderían que el sector privado; pero en sus mentes especulativas, agregarían: para reforzar o establecer nuestra posición oligopólica o monopólica en los textiles, en el azúcar y álcalis.

Modernizarlas, administrarlas e integrarlas son las consecuentes respuestas que puede y debe dar el estado y sus administradores, no sólo para hacerlas eficientes para sí mismas, sino para evitar que al amparo de sus distorsionados costos y elevados precios el resto de las empresas competidoras obtengan utilidades exageradas, cumpliendo con ello sus cometidos sociales.

Debe aquí mencionarse también, a este respecto, los casos en que el estado ha actuado en la forma planteada, llevando a cabo proyectos de modernización de plantas obsoletas. Así lo fueron los de la Compañía Nacional Manufacturera del Salto (que creó la empresa textil de algodón más moderna del país); la de Bicicletas Cóndor (hoy la mejor dotada fabricante de bicicletas, recibida por el gobierno en condiciones de desastre productivo y financiero); la nueva planta de Alimentos del Fuerte y sus etapas de integración con plantas adicionales para nuevos productos, creadas por ella y compradas al sector privado (que la han convertido en la empresa más grande y avanzada de su sector). También resultan importantes las ampliaciones emprendidas con técnicas modernas, como la nueva planta de papel de 100 mil ton de Fábricas de Papel Tuxtepec, que pronto estará en operación, constituyéndose con ello en la empresa de mayor capacidad de la rama papelera, que sustituirá, además, importaciones de material celulósico y las de Altos Hornos de México.

Si bien los anteriores casos son plausibles y muestran capacidad estatal de corrección, entrañan, no obstante, ciertas preguntas: por qué enfrentaron tantos problemas las realizaciones de todos estos proyectos; por qué algunos siguen siendo empresas de baja rentabilidad o de pérdidas cuantitativas; por qué no se extiende la acción renovadora o innovadora a otras empresas como las señaladas. Estas cuestiones tienen la misma respuesta: la administración pública o la interna no estuvieron a la altura de las decisiones de su tiempo y no lo están tampoco hoy a la de las que hay que tomar. En los casos citados estuvieron presentes factores determinantes negativos que ya han sido comentados. En dos, por ejemplo, los proyectos de modernización y la administración de las empresas más complejas que resultaron de su ejecución quedaron en manos de personas que habían sido designadas para llevar a cabo su liquidación y que no tenían ninguna experiencia en administración industrial ni profesiones adecuadas para dirigirlas. Esta explicación resulta apoyada al contrastar estos lamentables y evitables casos con otros exitosos, cuyos directivos ejecutores y administradores fueron técnicos expertos en sus respectivas funciones y pudieron resolver todos los problemas normales de todo proyecto y los anormales creados por la propia administración pública.

Sin embargo, aunque lo antes relatado muestra que en

materia de regeneración y modernización de instalaciones industriales ha habido negligencia, éxitos y fracasos, todos los proyectos ejecutados, sin excepción, fueron dañados irreversiblemente en poco o mucho, por decisiones tardías o suspensiones temporales en su construcción, por titubeos y controversias entre entidades del gobierno federal o entre éstas y las instituciones propietarias de las acciones. Para señalar otros ejemplos adicionales se puede mencionar que, en otros dos casos recientes, para el cierre de ciertas instalaciones, obsoletas desde años atrás, y la construcción simultánea de las sustitutivas, tuvieron que intervenir diferentes autoridades de equivalente jerarquía: las Secretarías de Hacienda, Programación y Presupuesto, Patrimonio y Fomento Industrial, Gobernación y del Trabajo, además de diferentes oficinas de la institución titular o administradora de las acciones. La dilación de las decisiones por varios años fue la resultante, fundamentalmente porque nadie las tomaba. Cada entidad concurrente a estos casos argumentó mucho, pero no sobre los proyectos, pues todos estaban acordes en que eran necesarios para el abastecimiento del mercado, para el mantenimiento del empleo y para el desarrollo de regiones de poca actividad, sino en cuanto a la dificultad o riesgos de las acciones que debían ejecutar. En vez de plantear cómo resolver estos problemas de realización, se insistía en ellos para no realizar los proyectos. Mientras tanto, las razones de darles vida se fueron haciendo mayores y urgentes hasta convertirse en problemas que estallaron, precisamente, en las manos de las evasivas dependencias, que no habían tenido por qué opinar, sino colaborar a la decisión que debía haber tomado una, sólo una de ellas, oportunamente. Estas omisiones tuvieron, finalmente, un costo irrecuperable muy superior a los presupuestos de inversión iniciales para las modernizaciones e, incluso en un caso, posteriormente se suspendió.

Como se puede deducir de lo ilustrado en este apartado, es imprescindible, para garantizar el éxito industrial del estado, definir quién decida y quienes *sólo* colaboran. A fin de cuentas, lo elemental: quién debe ser la autoridad responsable.

3. LA ASOCIACIÓN INDUSTRIAL DEL ESTADO CON LA INVERSIÓN EXTRANJERA

Con su concurso inversor en 119 empresas, incluidas en el grupo de 294 matrices, el estado participa en la producción monopolística de 35 productos (28 en condiciones de monopolio y 7 en configuraciones oligopólicas). En 23 de estos 35 casos convive como socio de empresas extranjeras, con posición mayoritaria en 15 y minoritaria en las 8 restantes.

Por otra parte, entre las 175 empresas denominadas "de competencia" en este estudio, o sea no monopolísticas, hay 68 en que también existe inversión extranjera. De este número, en 17 el estado es socio mayoritario y en 51 no lo es.

Sin embargo, en ninguna de las 294 se da el caso de que la inversión de extranjeros sea mayoritaria.

Las situaciones anteriores plantean numerosas preguntas de gran interés, principalmente para las 59 en que la participación es minoritaria, ya que se puede suponer que cuando la presencia gubernamental es mayoritaria el comportamiento de las empresas será favorable al país. Incluso, en teoría, esta proporción mayoritaria desvirtúa el resultado monopolista de las que se encuentran en tal situación.

Obviamente la primera cuestión es la del porqué el estado ha coinvertido con empresas extranjeras, incluso con algunas que tienen carácter monopolístico y operación transnacional. La respuesta es doble, pues se deben separar dos tipos de casos: aquel en que la inversión estatal se realizó después de fundadas las empresas ya existiendo la inversión extranjera y el de las que fueron promovidas por el propio sector público y éste ofreció participación a firmas foráneas.

Las razones que se encuentran en el primer tipo de casos citados fueron, muy principalmente, la atención a necesidades de apoyo solicitadas por las propias empresas o bien la contribución del estado al logro de disposiciones que él mismo emitió para la mexicanización de ciertas actividades productivas. Por esta razón, en estas empresas es altamente frecuente también la inversión de nacionales. Entre éstas y el estado se da la mayoría de capital mexicano.

En las que la promoción fue realizada por el sector público, hay también casos de inversión tripartita: privada nacional, extranjera y estatal; aunque con menor frecuencia, como puede constatarse en las tablas I, II y III, con la muestra que dan las 35 entidades calificadas como monopolios, en que hay 25 promovidas por el estado y en sólo 7 se encuentra tal inversión tripartita.

Este fenómeno de asociación industrial del estado, aunque las cifras expuestas lo hacen aparecer como cosa contraria, no ha sido realmente expresión de una vocación o interés particular hacia la inversión extranjera. Es más, siempre ha tendido a actuar en forma limitante o eliminatoria de la misma, pues en realidad muy pocos han sido los funcionarios de posición favorable a ella en empresas en que el estado participa.

Sin embargo, como lo ilustrado es revelador de un hecho real, quedan de lado las especulaciones de si el estado deseaba en verdad o no la participación extranjera y se mantienen como cuestiones de interes práctico las razones que lo llevaron a estas asociaciones y los resultados de ellas en las empresas en que se encuentra.

Hasta el año 1981 y principio de 1982 en que los recursos estatales se hacían aparecer como ilimitados, las promociones industriales del estado perseguían, y presuponían como elemento que se juzgaba indispensable para la viabilidad de los proyectos, la participación de muy definidas empresas extranjeras, *mas no por el aporte de recursos en sí mismo* supuesta la abundancia de los públicos nacionales. Esta falta de interés cuantitativo puede llegar a cambiar para los próximos años, principalmente en aquellas empresas en las que la banca, al nacionalizarse, poseía paquetes de acciones y el estado también, dado que éste ha declarado que están disponibles para adquisición de privados nacionales y extranjeros, sin haber hecho precisión si habrá restricción en los casos de presencia estatal.

Este particular interés estatal por la participación foránea se expresó en aquellas promociones en que era imprescindible la obtención de asistencia técnica para la producción y organización de ésta. Las razones estaban en el supuesto, que el propio autor consideraba como valedero cuando fungió como promotor industrial estatal, de que la óptima y completa transmisión de la tecnología se aseguraba si las empresas asistentes técnicas invertían capital de riesgo. En este supuesto también contaba la disminución de costos técnicos al eliminar las tecnologistas extranjeras, en virtud de su copropiedad, los cargos extras por el envío de personal calificado para el montaje de la planta, arranque de la misma y para el entrenamiento del personal. Por supuesto que la invitación (que en muchos casos era requisito) para invertir estaba libre de temores de control extranjero, puesto que las participaciones eran por porcentajes que significaban posición minoritaria, de acuerdo con la ley en la materia.

Sin embargo, a la vista de la mayoría de los resultados, el supuesto de una mayor seguridad tecnológica no se realiza y el control extranjero sí llega a producirse, incluso en detrimento de la libertad irrestricta de exportación que las firmas extranjeras socias comprometen en los contratos de asistencia técnica. Debe dejarse claro que estas situaciones no son generales, tanto porque no se dan en todas las empresas, como porque no siempre las afectadas resienten todos los efectos.

Casos de empresas recientemente promovidas por el estado con inversión extranjera, en que se han dado severas fallas de transmisión de tecnología y/o impedimentos para la exportación, han afectado y afectan a producciones nacionales tales como: máquinas-herramienta, abrasivos industriales, equipos médicos, equipos para la transmisión de energía, equipos de telecomunicación, turbinas para generación, básicos químicos para hormonas y algunos productos de pailería.

Las experiencias sufridas en los casos anteriores y en otros que podrían citarse que ha habido en el pasado son suficientes para desechar la hipótesis de que es conveniente la asociación de capitales cuando hay de por medio la asistencia técnica del socio extranjero. Por el contrario, tal asistencia es, en ciertos momentos de desacuerdo entre socios, el medio para impedir ejecutar las decisiones de la mayoría nacional. Incluso, la presencia de los representantes del socio tecnologista en los consejos de administración es motivo de fricciones adicionales que afectan la totalidad de la marcha de la empresa cuando hay fallas en la transmisión de la tecnología. Un repaso de las contiendas, registradas en las actas de sesiones de varias empresas por estas cuestiones, despejarían las dudas que podrían quedar sobre la conveniencia de no promover o aceptar participaciones de empresas extranjeras (aunque también no deja de ser válido para nacionales; hay casos de éstas que podrían relatarse) que proporcionen la asistencia técnica. Siempre es posible adquirir ésta en términos contractuales de seguridad para la empresa receptora sin aporte accionario. La experiencia de Japón sería muy útil si se le analiza y adapta.

En los casos de monopolios, las asociaciones en cuestión resultan más graves en sus consecuencias. En estos casos no hay duda que la eliminación de la inversión extranjera debe llevarse a cabo, incluso por varias razones adicionales económicas y políticas.

V. UNA REFLEXIÓN FINAL

La lectura de documentos y publicaciones obtenidas en el mes de septiembre, así como conversaciones tenidas en dicho mes con funcionarios de organismos administradores de las empresas estatales de España, Italia y Francia y la lectura del ya mencionado y recientemente expedido oficio circular de las secretarías de Hacienda y Crédito Público, de Programación y Presupuesto y de la Contraloría General de la Federación que establece normas sobre la administración del sector paraestatal, determinaron la siguiente reflexión de última hora:

La visión del gobierno mexicano, en cuanto al grupo industrial de su injerencia directa, no podrá continuar concentrada e ilusionada solamente en la solución de los problemas administrativos y meramente gerenciales que hoy tienen, y amenazan tener aún más, tan atareada a una gran parte de la máxima jerarquía de sus funcionarios.

Estos problemas, en su mayor parte, deben y pueden ser resueltos por honrados y capaces directivos en las empresas que hagan falta, bastándoles, para lograrlo, recibir normas generales claramente definidas y el señalamiento preciso de metas particulares a alcanzar, sean éstas puramente económicas y/o sociales y políticas. Cabe recordar que es cosa muy distinta gobernar un sistema industrial que administrarlo.

En el gobernarlo, y concretamente para el estatal del México de hoy, la importantísima cuestión a la que deben aplicarse los principales funcionarios públicos de mejor talento y mayor alcance visionario es la de situar a las empresas del estado, integrándolas como conjunto orgánico, dentro de la estrategia política que el estado deba seguir en consideración de los problemas internos que enfrenta y enfrentará el desarrollo de la economía y sociedad del país, así como de los provenientes de la zona capitalista del mundo, principalmente la de sus cercanías geográficas.

En esta posición, varias cuestiones trascendentales surgen y varias opciones se presentan al gobierno. Sin embargo, entre las más sensatas políticamente está la de hacer alianza de propósitos y acciones con el sector obrero de sus empresas.

La medida con que se inicie esta alianza tiene tanta importancia como la firmeza y aceleración para consumarla, ya que es dudoso que se pueda mantener por mucho más tiempo la subordinación de la industria de inversión estatal a una burocracia semicapaz y su limitación a los intereses de las empresas privadas. Los primeros síntomas de esta imposibilidad están ya a la vista, producidos por la crisis financiera del país que ha agudizado el enfrentamiento —y lo hará más en el corto plazo— de los intereses industriales públicos y privados, nacionales y extranjeros y empezado a precipitar decisiones gubernamentales de gran riesgo futuro.[1]

La intervención del estado en la economía y la rectoría económica que con ella se postula aparecen actualmente apoyadas en sólo dos puntos. Uno de ellos es el ejercicio de una serie de controles reguladores que diversas leyes le permiten, pero que en la realidad y a la vista pública fallan o son imposibles de mantener en tiempos de crisis. El otro es la propiedad total o parcial de un gran número de entidades productoras de bienes y servicios, dentro del cual una parte muy importante opera en condiciones muy alejadas de lo deseable y necesario, sin que, al parecer, haya consenso en ayudar a su corrección y que no se corregirán con una mayor fiscalización y vigilancia de dependencias públicas desvinculadas de su operación, ya que estas funciones, a nivel burocrático,

---

[1] Como la relativa a permitir la participación mayoritaria o total de inversión extranjera en siete ramas industriales básicas o estratégicas, en las cuales operan empresas de inversión estatal, publicada en los periódos del 17 de febrero de 1984.

operan sancionando o bien reportando causas y desastres de fallas pasadas. Al éxito industrial se llega, únicamente, con el conocimiento y la maestría operacional y administrativa de un bien integrado equipo humano; sólo una tripulación de esta calidad y condición tiene posibilidades de previsión y de corrección sobre la marcha.

Un cimiento sólido lo tendrá el estado compartiendo la responsabilidad y los intereses de su sector industrial con los grupos sociales que lo habitan, operan y se deben beneficiar de él, y con el diálogo, opinión y colaboración estrecha de los cuadros técnicos ya formados y en formación.

La acción directa industrial del estado, sin límites comprometidos de antemano, debe continuar siendo no sólo el motor del mayor desarrollo industrial posible sino, también, para y con esta tarea, llevar a cabo la democratización del que es el mayor sector industrial del país, que resulta urgente económica y políticamente.

Soslayar lo anterior podría crear situaciones muy lamentables en las circunstancias económicas actuales y en las previsibles.

El contingente obrero industrial a que se ha hecho ya referencia, sumado al personal que labora en las empresas estatales de servicios (ferrocarriles, comunicaciones aéreas y electrónicas, comercio, banca, etc.), significan, en potencia, un gran poder social de presión para la configuración de una economía más eficiente, democrática y nacionalista, que se dejará sentir, más temprano que tarde, con toda la razón y fuerza de su parte. Esta acción se presentará no sólo por una mayor conciencia de su oportunidad estratégica, sino también por el hecho de que el gobierno, en su carácter de patrón capitalista, ha creado las condiciones de contradicción fundamental directa con el gran grupo obrero que tiene asalariado. La agudización lógica de esta contradicción por condiciones internas (inflación, atonía, crisis financiera, restricciones salariales y desempleo) y externas (crisis prolongada del mundo capitalista) entraña riesgos de activa confronta-

ción, que podría desatar la dinámica de una política de
perfil fascista; riesgos que se hacen mayores en un esquema de planeación gubernamental de desarrollo capitalista.
Esta reflexión final no deriva de actitudes tremendis-
tas o inocentes. Gobiernos de otros países, incluso de
viejas economías industrializadas, están hoy, por las circunstancias actuales, actuando consecuentes con ella.
Francia, por ejemplo, está utilizando su sector industrial
gubernamental para que sea, como lo dijo a fines de 1982
uno de los funcionarios del Ministère de la Recherche et
de l'Industrie:

[. . .] el impulso inicial dentro del marco de una estrategia anticrisis
[así como para] instaurar en la empresa una nueva ciudadanía,
[basada en] la modificación de las relaciones sociales en el sector
público industrial que se lleva ya a cabo, esencialmente con: la
modificación de los consejos de administración, los cuales son ahora
compuestos de 7 representantes del estado, 5 personalidades calificadas, más otras 6 representantes también del conjunto del personal.
El éxito o fracaso de este nuevo enfoque tendrá valor de ejemplos para el conjunto de las empresas francesas.[2]

Si bien lo anterior no ha sido concesión gratuita a los
obreros franceses, sino producto de su acción política junto a la de los grupos progresistas del país, la previsión
y decisión del estado, que no por ser socialista ahora tiene
ya amplios y seg ros márgenes de acción ortodoxa desde el punto de vista de la ideología que postula, es lo que
se destaca como ejemplo.

En nuestro país, el presidente de la República hace
poco declaró públicamente que nada puede hacerse, ni
hay acción gubernamental que prenda, sin la participación popular.[3] Esto, que es una gran verdad social y
realidad política, lo es más hoy en día y no puede olvi-
darse, sin el tremendo riesgo de hacer violento el futuro
en la conducción del sector industrial del estado.

[2] Traducción libre de párrafos del documento "Le rôle moteur du secteur publi-
que", presentado en las "Journées de Politique Industrielle", fechado el 30 de octubre de 1982, del Ministère de la Recherche et de l'Industrie.
[3] Dicho en discurso pronunciado en Villahermosa el 12 de octubre de 1983.

Los temores a la reacción económica y política del sector de los negocios no deben inhibir la acción estatal necesaria para lograr lo anterior, ni para suspender o retraer su intervención directa en la industria, pues no hay objetividad en la inconformidad que ha manifestado y manifiesta ante lo abarcado por el estado. Dicho sector no lo hubiera podido hacer ni tampoco hoy lo podría absorber. Estos impedimentos son imposibles de superar por su propia insuficiencia financiera, reflejo del subdesarrollo del país.

Parece no haber otra alternativa para los países de bajo desarrollo económico —su pasado y situación presente lo confirman—: o es el estado quien industrializa o lo hace la inversión extranjera. En México esto es evidente: ¿qué nivel industrial tendría el país sin el sector industrial estatal? y, ¿quién o quiénes podrían haber sido los empresarios alternativos del estado?

El sector privado ha llegado a todo lo que ha podido; así puede suponerse puesto que no ha tenido o tiene restricciones legales para su acción inversora y promotora. Y bien: ¿hasta dónde ha podido llegar? Los principales grupos industriales del país, únicos que podrían haber desarrollado una acción inversora y administrativa de gran envergadura, con todo y el respaldo de sus instituciones bancarias y asociación con capitales extranjeros, todos juntos, son hoy, comparativamente, pequeños junto al conjunto de inversiones, producciones y empleo estatales. ¿Podrían ser ahora ellos solos los adquirentes y operadores del grupo industrial gubernamental, aun sin PEMEX y la Comisión Federal de Electricidad?

Desde otros puntos de vista la objetividad del sector privado también está ausente: ¿como serían hoy o podrían ser la economía, la sociedad y la política mexicanas si el estado hubiera dejado todo el campo industrial a la inversión privada o dejara ahora en las manos de dicho sector porciones importantes del que ha abarcado? Seguramente que la economía sería irremediablemente más monopolizada, y más extranjerizada, y la sociedad y la política menos desarrolladas y menos democráticas. ¿Es posible pensar en otras condiciones?

Finalmente, las ventas de empresas y los subsidios: ¿resolverían las primeras la situación financiera del gobierno? Aun suponiendo el rescate de todos sus recursos invertidos (capitales y créditos) y sin considerar la enajenación de las empresas estratégicas, el monto sólo alcanzaría una cifra del orden de 600 mil millones de pesos. En cuanto a los subsidios: sin soslayar que deben desaparecer los que son resultantes de la baja eficiencia, ¿en virtud de cuáles argumentos deben eliminarse para aquellas empresas de beneficio popular o de insuficiente mercado pero necesarias para la viabilidad económica del país? El subsidio es también instrumento público en países de gran desarrollo como lo podrían confirmar los agricultores norteamericanos, por ejemplo. El estado existe también para esto: *para subsidiar*.

Nuestra historia contiene muchos episodios de construcción nacional en que los opuestos a los cambios, o los promotores de los retrocesos, hicieron la advertencia: "esto no es posible". ¿No estamos ahora en una situación semejante?

Sin embargo, cuando en el pasado las medidas juzgadas en tal forma fueron las soluciones visionarias e inteligentemente patrióticas, tuvieron que hacerse posibles y se implantaron o mantuvieron. ¿No son urgentes hoy también medidas que deben implantar la voluntad y decisión políticas, cerrando los oídos a palabras necias?

POSTSCRIPTUM

En proceso la impresión de este libro, aparecieron publicadas en diversos periódicos las siguientes noticias sin que a la fecha hayan sido desautorizadas:

"Un grupo limitado de empresarios recibió el lunes la invitación a participar en lo que puede ser la Alianza para la Producción del presente régimen, mediante la adquisición de todas las empresas paraestatales con excepción de aquellas que son vitales para el estado [. . .] por ahora el criterio es que el gobierno no debe participar y, para que el régimen consiga recursos que le son necesarios, vender todas las empresas paraestatales excepto aquellas vitales. [. . .] La idea fue presentada por dos empresarios, que invitaron a la comida en la sede de su empresa y que actuaron como mensajeros del régimen, como la gran oportunidad para que el sector privado recupere el terreno perdido con la nacionalización bancaria y como una ocasión que no puede desaprovecharse, de apoyar claramente y con hechos al actual gobierno. Los emisarios señalaron que habían estructurado ya un mecanismo, en el que estaba de acuerdo el estado, para realizar la compra: la constitución de un fideicomiso que recibiría el 1% de las ventas en este año de las empresas de cada uno de los invitados y que actuaría como holding en el momento preciso de la negociación" (Luis E. Mercado, en *El Universal*, 12 de abril de 1984, pp. 1F y 3F).

"Gustavo Petricioli, director general de Nacional Financiera, anunció que próximamente esta institución pondrá a la venta al sector privado un total de 17 empresas no prioritarias del ramo manufacturero. [. . .] Indicó que esta determinación se ha retrasado un poco para no interferir con la venta de las acciones de empresas, donde participa la banca nacionalizada. [. . .] El director general de NAFINSA afirmó que las 17 empresas que pondrá a la venta esa institución tienen un buen futuro, ya que conforme mejore la economía del país, éstas saldrán adelante. Asentó que ninguna de las empresas que se venderán resultan fundamentales para el estado, pues son de actividad secundaria que corresponden al sector manufacturero'' (Carolina Navarrete, en *El Sol de México*, 6 de abril de 1984, pp. 1A y 12A).

"Gustavo Petricioli, director general de Nacional Financiera, anunció ayer que ya se autorizó a la institución a transferir su participación accionaria en 18 empresas, en beneficio de los sectores social y privado [. . .]. Petricioli indicó que en las 18 empresas se realizaron estudios que presentan opciones económico-financieras, incluyendo la determinación de su valor accionario, principalmente en Alimentos Del Fuerte, Nunatex y Forjamex. El Grupo Cóndor y Avantram se venderán a los sectores privado y social'' (J. Jesús Rangel M., en *Excelsior*, 9 de mayo de 1984, p. 4A).

"La venta de la participación accionaria de Nacional Financiera en 18 empresas no ha dado aún resultados positivos, ya que sólo una de ellas (Productos Cowen, S.A.) fue vendida totalmente en poco más de un mes desde que se hizo el anuncio. [. . .] Cabe señalar por último que las empresas puestas a la venta son: de la rama textil, Avantram Mexicana, Nueva Nacional Textil Manufacturera del Salto, Industrial Textil Bellavista; del sector maderero: Chapas y Triplay, Maderas Industrializadas de Quintana Roo, Servicios Forestales, Productos de Maderas Finas, Triplay de Palenque; del área química, Amercoat Mexicana y Adhesivos, S.A.; del rubro de hierro y acero, Aceros Ecatepec; de maquinaria y equipo mecánico y sus partes, Barrenas de Aceros y Aguces; del sector automotriz, Forjamex, y otras empresas son Bicicletas Cóndor (en proceso de venta), Talleres Tlajomulco, Accesorios Tubulares Especiales, Compañía Industrial y Comercial Americana y Productos Cowen (ya vendida)'' (Gustavo Lomelín, en *El Financiero*, 21 de mayo de 1984, p. 17).

ANEXO INFORMATIVO

RESUMEN Y ORDENACIÓN TEMÁTICA DE LAS DISPOSICIONES LEGALES QUE NORMAN PARTICULARMENTE LA ADMINISTRACIÓN Y VIGILANCIA DE LAS ENTIDADES PARAESTATALES Y, EN GENERAL, SU FORMA DE ACTUACIÓN (AL 11 DE OCTUBRE DE 1983)

I. INSTRUMENTOS LEGALES NORMATIVOS

1. Ley Orgánica de la Administración Pública Federal, expedida el 22 de diciembre de 1976 y sus reformas hasta enero de 1983 (LOAP).
2. Acuerdo presidencial que agrupa, por dependencias coordinadoras, a las entidades del sector público paraestatal (con base en las facultades que da al ejecutivo federal la ley anterior), publicado en el *Diario Oficial* del 3 de septiembre de 1982.[1]
3. Acuerdo presidencial sobre el funcionamiento de las entidades de la administración pública paraestatal, publicado en el *Diario Oficial* del 19 de mayo de 1983.
4. Oficio circular que establece los lineamientos generales para la integración y funcionamiento de los órganos de gobierno de las entidades de la administración pública paraestatal, expedido, con base en el artículo 3° del acuerdo presidencial anterior, por las Secretarías de Hacienda y Crédito Público, Programación y Presupuesto y de la Contraloría General de la Federación. Publicado en el *Diario Oficial* del 11 de octubre de 1983.

II. ARTÍCULOS RELATIVOS A LA INTEGRACIÓN DE LOS ÓRGANOS DE ADMINISTRACIÓN, DE GOBIERNO Y DE COMITÉS[2]

□ *Artículo 52° de la LOAP*: "Cuando los nombramientos de presidente o miembros de los consejos, juntas directivas o equivalentes, en las entidades de la administración pública paraestatal, co-

---

[1] El 11 de noviembre de 1982, la Secretaría de Programación y Presupuesto publicó en el *Diario Oficial de la Federación* un oficio firmado por el secretario, dirigido al director general de Gobierno de la Secretaría de Gobernación, en donde le da a conocer el registro de la administración pública federal paraestatal, con claves de sectorización, basado en este acuerdo presidencial.

[2] Las cursivas de los párrafos entrecomillados son del autor, así como los paréntesis y notas.

rrespondan al gobierno federal y sus dependencias, el presidente de la República dará a los coordinadores de sector. . . [secretarías o departamentos de estado] las bases para la designación de los funcionarios que proceda."

☐ *Artículo 3° del acuerdo presidencial del 19 de mayo de 1983*: "La conformación de los órganos de gobierno deberá observar una estricta corresponsabilidad política, técnica y administrativa entre la administración centralizada y la administración paraestatal."

"En su conformación corresponde:

I. A las Secretarías de Hacienda y Crédito Público, Programación y Presupuesto y Contraloría General de la Federación:

"a] *Proponer* consejeros ante los órganos de gobierno de las entidades paraestatales, cuya finalidad u objeto social se relacione con las atribuciones de estas dependencias, de acuerdo a lo que señalen las leyes.

"III. Al coordinador sectorial:

"a] *Asumir* la presidencia de los órganos de gobierno de las entidades bajo su coordinación.

"b] *Promover* que en la conformación de los órganos de gobierno de las entidades bajo la coordinación del sector se cuente con representantes de las dependencias y entidades de la administración pública federal que por sus atribuciones estén vinculadas a la operación de las mismas.

"d] Dictar los lineamientos y directrices para la conformación de comités técnicos dependientes de los órganos de gobierno."

☐ *Artículo 5° del acuerdo presidencial del 19 de mayo de 1983*: "Las entidades de la administración pública paraestatal deberán establecer comités mixtos de productividad, proponiendo la participación de los trabajadores y técnicos involucrados cotidianamente en los procesos productivos."

☐ *Artículo 1° transitorio del acuerdo presidencial del 19 de mayo de 1983: "Los coordinadores sectoriales*, sin perjuicio de las disposiciones que rigen el funcionamiento de las entidades de la administración pública federal (o sea las de la LOAP y de este acuerdo presidencial), *expedirán*, observando lo dispuesto en el artículo 3°, fracción I, inciso *b* de este acuerdo, en un plazo no mayor de 90 días a partir de la fecha de publicación del mismo, los lineamientos y las normas para la conformación de los órganos de gobierno de las entidades bajo su coordinación."

NOTA Estos lineamientos y normas se publicaron en el oficio circular publicado el 11 de octubre. Sin embargo, en el oficio circular faltan las firmas de las coordinadoras: SEPAFIN, SARH, Secretarías de Pesca, Gobernación, Defensa, Comercio y Fomento Industrial y Comunicaciones y Transportes, que fueron designadas como tales en el decreto presidencial publicado el 3 de septiembre de 1982. La razón de estas omisiones es que este artículo 1° transitorio que se transcribe del mencionado acuerdo, entra en duda aparente con su propio art. 3°, fracción I, inciso *b*. La duda llevó al error de que fueran las tres secretarías solas las firmantes. A éstas sólo les correspondía para la totalidad de las entidades paraestatales: *"Proponer* lineamientos generales. . .", mas no, como lo hicieron, *expedirlos*, pues tal *expedición* (como dice hacerlo el oficio circular) corresponde a las coordinadoras. Para las entidades que las dependencias coordinan, no hay duda que la expedición sí correspondía.

☐ *Artículo 2° del oficio circular del 11 de octubre de 1983*: "Los órganos de gobierno de las entidades serán presididos por el titular de la dependencia coordinadora de sector excepto cuando corresponda su designación al titular del ejecutivo federal, o se establezca de manera distinta en las disposiciones legales específicas.

"En las entidades no sectorizadas, salvo lo dispuesto por los ordenamientos legales aplicables, la designación o proposición de quién deba presidir el órgano de gobierno, se hará por el titular del ejecutivo federal, a través de la Secretaría de Programación y Presupuesto."

☐ *Artículo 3° del oficio circular del 11 de octubre de 1983*: "Los titulares de las dependencias coordinadoras de sector podrán delegar su representación ante los órganos de gobierno en funcionarios de la propia dependencia, excepto cuando exista disposición expresa al respecto.

"Los titulares de las entidades *controladoras*[3] podrán ser propuestos o designados para presidir los órganos de gobierno de las entidades controladas."

☐ *Artículo 4° del oficio circular del 11 de octubre de 1983*: "Los miembros de los órganos de gobierno de las entidades paraestatales que deban participar como representantes de dependencias o entidades del ejecutivo federal cuyo nombramiento o propuesta corresponda al gobierno federal serán designados o propuestos por el coordinador sectorial, excepto cuando esa facultad corresponda expresamente al ejecutivo federal o esté determinado de manera diferente en otras disposiciones legales."

☐ *Artículo 5° del oficio circular del 11 de octubre de 1983*: "Los

*PS. El 25 de enero de 1984, la SEMIP expidió las normas para las dependencias bajo su coordinación. No pudieron ser ya incluidas en el presente resumen.
[3] Con el término "controladoras" se hace referencia a empresas tenedoras de acciones o de administración común que ya existan o puedan crearse.

coordinadores de sector deberán cuidar que en la integración de los órganos de gobierno participen representantes de las dependencias o entidades cuyas *atribuciones* los vinculen, de manera importante y permanente, con la operación de los mismos y que, por lo tanto, sean *corresponsables* en la toma de decisiones, buscando que el número de participantes sea reducido para asegurar la eficiencia del mismo."

☐ *Artículo 6° del oficio circular del 11 de octubre de 1983*: "Por acuerdo del titular del ejecutivo federal, las Secretarías de Hacienda y Crédito Público, de Programación y Presupuesto y de la Contraloría General de la Federación, participarán en los órganos de gobierno de conformidad a las disposiciones relativas en la materia."

☐ *Artículo 7° del oficio circular del 11 de octubre de 1983*: "El nivel jerárquico de los servidores públicos de la administración pública federal que integran los órganos de gobierno será determinado por la coordinación sectorial, cuidándose que sea homogéneo y adecuado para garantizar la ejecución de las decisiones adoptadas.

"Dicho nivel no podrá ser inferior al de secretario de estado para las entidades consideradas como prioritarias o estratégicas para el desarrollo nacional, de subsecretario para aquellas cuya actividad y operación sean fundamentales y de director general para las demás cuya actuación consolide el desarrollo del sector.

"*En este último caso* y en forma *excepcional*, la representación podrá ser delegada en directores de área o sus equivalentes."

☐ *Artículo 8° del oficio circular del 11 de octubre de 1983*: "Las dependencias de la administración pública federal cuidarán que los funcionarios públicos que las representen en varios órganos de gobierno, lo sean de entidades que pertenezcan a una misma rama o sector, realicen funciones similares, sean filiales o exista una permanente vinculación en razón de las actividades que desarrollen."

☐ *Artículo 9° del oficio circular del 11 de octubre de 1983*: "El órgano de gobierno podrá invitar a sus sesiones a funcionarios de la entidad o a personas que aun siendo ajenas a la misma puedan aportar elementos de juicio para la toma de decisiones [. . .]."

☐ *Artículo 10° del oficio circular del 11 de octubre de 1983*: "El órgano de gobierno tendrá un secretario técnico que levantará las actas de las sesiones y llevará el seguimiento de los acuerdos [. . .]."
"El nombramiento podrá recaer en servidores públicos de la propia dependencia coordinadora del sector o en quien realice estatutariamente esta función [. . .]."

☐ *Artículo 12° del oficio circular del 11 de octubre de 1983*: "Las decisiones de los órganos de gobierno y de los comités o subcomités técnicos que de ellos emanen se tomarán por mayoría de votos y en caso de empate su presidente contará con voto de calidad, salvo disposición en contrario [. . .] en el caso de los miembros representativos del sector público federal, su voto expresará necesariamente la opinión de la institución que los haya designado.''

☐ *Artículo 14 ° del oficio circular del 11 de octubre de 1983*: ''Para lograr la adecuada conformación, funcionamiento y responsabilidad de los órganos de gobierno y de los comités técnicos [. . .], de conformidad con lo previsto en estos lineamientos generales, la coordinadora de sector promoverá, en los casos que sean necesarios, la modificación de las disposiciones estatutarias e informará a las Secretarías de Hacienda y Crédito Público, de Programación y Presupuesto y de la Contraloría General de la República.''

☐ *Artículo 29 ° del oficio circular del 11 de octubre de 1983*: ''Las empresas de participación estatal minoritaria normarán la integración y funcionamiento de sus órganos de gobierno, conforme a las disposiciones legales vigentes.''

III. DISPOSICIONES EN CUANTO A LA ADMINISTRACIÓN Y VIGILANCIA

☐ *Artículo 48 ° de la LOAP*: La vigilancia estatal en las entidades de participación estatal minoritaria estará a cargo de un comisario designado por el titular de la secretaría coordinadora, escuchando la opinión del secretario de la Contraloría. Además señala que las relaciones de las empresas de participación minoritaria con la administración pública federal serán las que determine la ley.

☐ *Artículo 51 ° de la LOAP*: A las coordinadoras corresponderá conducir la programación, coordinar y evaluar la operación de las entidades de la administración paraestatal que determine el ejecutivo federal.

☐ *Artículo 55 ° de la LOAP*: Responsabiliza a los consejos de administración de la programación estratégica y de la supervisión de la marcha normal de las entidades del sector paraestatal.

☐ *Artículo 15 ° del oficio circular del 11 de octubre de 1983*: ''Los órganos de gobierno conducirán sus actividades de acuerdo con el programa y calendario anual de trabajo que apruebe el propio órgano y, en concordancia con el Plan Nacional de Desarrollo, los programas sectoriales y demás disposiciones relativas deberán establecer las políticas estratégicas de las entidades en corresponsabilidad con las del sector, y aprobar y evaluar sus programas anuales de trabajo y la planeación de mediano plazo que sean elaborados por el titular de la entidad.''

☐ *Artículo 16 ° del oficio circular del 11 de octubre de 1983*: ''Los órganos de gobierno cuidarán que la información que el titular de la entidad presente en sus sesiones y la de los comités o subcomités técnicos corresponda al orden del día precisamente aprobado y sea confiable [. . .]." Dicha información deberá contener, cuando menos, la referida al avance programático presupuestal y a la situación operativa, financiera, administrativa y económico-social de la entidad.

☐ *Artículo 18° del oficio circular del 11 de octubre de 1983*: Establece que los órganos de gobierno deberán revisar el informe anual que rindan los comisarios o sus equivalentes y tomar en cuenta sus recomendaciones para la programación de sus actividades.

☐ *Artículo 19° del oficio circular del 11 de octubre de 1983*: Establece que la información sobre los asuntos a tratar en las sesiones de los órganos de gobierno deberá ser entregada al secretario oportunamente para que éste los mande a sus miembros con siete días hábiles de anticipación.

☐ *Artículo 3° del acuerdo presidencial del 19 de mayo de 1983*: [. . .] "corresponde: I. A las Secretarías de Hacienda y Crédito Público, Programación y Presupuesto y Contraloría General de la Federación: b] *Proponer* lineamientos generales para el funcionamiento de los órganos de gobierno de las entidades de la administración pública paraestatal".

II. A la Secretaría de la Contraloría General de la Federación: a] Proponer la designación de comisarios o sus equivalentes en los órganos de vigilancia de las entidades de la administración pública paraestatal."

☐ *Artículo 48° de la* LOAP: En las empresas de participación minoritaria "la vigilancia de la participación estatal estará a cargo de un comisario designado por el titular de la secretaría coordinadora del sector correspondiente, escuchando la opinión del secretario de la Contraloría General de la Federación.

"Las relaciones de las empresas de participación estatal minoritaria con la administración pública federal serán las que determine la ley."

☐ *Artículo 20° del oficio circular del 11 de octubre de 1983*: Señala que las dependencias coordinadoras emitirán los lineamientos que correspondan para fortalecer la vinculación programático-presupuestal de las entidades y ellas.

☐ *Artículo 23° del oficio circular del 11 de octubre de 1983*: Señala que los comités y subcomités se integrarán y funcionarán como lo establezca la dependencia coordinadora y que las Secretarías de Hacienda y Crédito Público, de Programación y Presupuesto y la de la Contraloría participarán en ellos.

☐ *Artículo 26° del oficio circular del 11 de octubre de 1983*: "Los órganos de gobierno de las entidades deberán hacer del conocimiento de la coordinadora sectorial los informes que les rindan el titular de la entidad, el comisario y los comités o subcomités técnicos con las correspondientes evaluaciones sobre su gestión y la marcha general de la entidad.

"En el caso de las entidades no sectorizadas, los informes deberán ser rendidos a la Secretaría de Programación y Presupuesto."

☐ *Artículo 30° del oficio circular del 11 de octubre de 1983*: Precisa que la vigilancia de la observancia de los lineamientos del oficio circular corresponde a la Secretaría General de la Contraloría de la Federación.

☐ *Artículo 31° del oficio circular del 11 de octubre de 1983*: "Las dependencias coordinadoras de sector deberán expedir los lineamientos y normas para la integración y funcionamiento de los órganos de gobierno de las *empresas* paraestatales bajo su coordinación, dentro de los noventa días siguientes a la publicación del presente oficio circular en el *Diario Oficial de la Federación*".

IV. DISPOSICIONES EN RELACIÓN CON LA AGRUPACIÓN Y COORDINACIÓN SECTORIALES Y A LAS FUNCIONES DE LAS COORDINADORAS

☐ *Artículo 50° de la LOAP*: El presidente de la República estará facultado para determinar agrupamientos de entidades de la administración pública paraestatal, por sectores definidos, a efecto de que sus relaciones con el gobierno federal, en cumplimiento de las disposiciones legales aplicables, se realicen a través de la secretaría de estado o departamento administrativo que en cada caso designe como coordinador del sector correspondiente.

☐ *Artículo 21° de la LOAP*: "El presidente de la República podrá constituir comisiones intersecretariales para el despacho de asuntos en que deben intervenir varias secretarías [. . .]." "Las entidades de la aministración pública paraestatal podrán integrarse a dichas comisiones cuando se trate de asuntos relacionados con su objetivo [. . .]."

☐ *Acuerdo presidencial publicado el 3 de septiembre de 1982*: Con base en las facultades del art. 50° de la LOAP, agrupa a las entidades por secretarías y departamentos coordinadores. El número de entidades industriales asignadas a cada grupo es el siguiente:[4]

---

[4] La suma de las cifras que se exponen no da la cifra de 429 empresas ya que el acuerdo presidencial (derivado de las clasificaciones de la LOAP) no considera a las de menos de 25% de participación.

	Mayoritarias	Minoritarias
1. Secretaría de Gobernación (papel periódico)	1	0
2. Secretaría de la Defensa (nitrocelulosa)	1	0
3. Secretaría de Hacienda y Crédito Público (cospeles)	1	0
4. Secretaría de Patrimonio y Fomento Industrial	269	30
5. Secretaría de Comercio (alimenticias)	4	0
6. Secretaría de Agricultura y Recursos Hidráulicos (forestales, alimentos balanceados, lisina, agroquímicos, y beneficio de frutas)	23	3
7. Secretaría de Comunicaciones y Transportes (turborreactores)	1	0
8. Secretaría de Pesca	18	0

☐ *Acuerdo presidencial del 19 de mayo de 1983*: Establece las siguientes facultades a las coordinadoras:

1. Conducir la programación, así como coordinar y evaluar la operación de las entidades paraestatales bajo su responsabilidad con base en las metas, lineamientos y directices del Plan Nacional de Desarrollo y de los programas sectoriales.
2. Establecer en sus entidades los mecanismos anuales que aseguren la operación y ejecución de los programas institucionales correspondientes, contemplando, por un lado, los objetivos, metas, acciones y recursos financieros de dichos programas y, por otro, los apoyos presupuestales de coordinación, de regulación de otro tipo que se requiere para alcanzarlos.
3. A las coodinadoras corresponde definir para sus entidades las políticas generales de operación, de administración y financiamiento de conformidad con los objetivos del programa sectorial y las particularidades de cada entidad o grupo y tomando en consideración las propuestas de las entidades.
4. Agrupar a las entidades en subsectores, bajo responsabilidad y mando unificado.
5. Los coordinadores promoverán, cuando convenga, la formación de entidades que controlen y regulen las operaciones y expansión de otras entidades que actúen en una misma rama o afines.

6. Establecer los lineamientos y criterios que determinen la estructura de la participación pública en su sector (directrices para creación, adquisición, fusión, liquidación, venta o cesión de las entidades), así como los criterios generales que orienten la participación accionaria privada.

7. Coordinar y vigilar el diseño, la implantación y el funcionamiento de los sistemas de programación de las entidades y establecer los mecanismos de planeación, evaluación y apoyo a decisiones estratégicas y de control y seguimiento en el avance programático-presupuestal.

8. Integrar y someter, consolidados, los presupuestos programáticos de las dependencias a la Secretaría de Programación y Presupuesto y los financieros a la de Hacienda y Crédito Público, y determinar la distribución de los recursos consolidados autorizados entre las entidades, con base en las prioridades sectoriales, definiendo los que serán aportes de capital, transferencias y endeudamiento, a cada una.

9. Opinar y someter a la Secretaría de Hacienda y Crédito Público los ajustes a los precios de bienes y servicios.

10. Establecer de acuerdo a los criterios de la Secretaría de la Contraloría General de la Federación, los mecanismos de control y evaluación.

11. Someter al ejecutivo federal propuestas para el manejo de las acciones y la apliación de sus rendimientos.

V. ATRIBUCIONES DE APLICACIÓN GENERAL EN LAS ENTIDADES DE LA ADMINISTRACIÓN PÚBLICA PARAESTATAL OTORGADAS A LAS SECRETARÍAS DE HACIENDA Y CRÉDITO PÚBLICO, DE PROGRAMACIÓN Y PRESUPUESTO Y DE LA CONTRALORÍA GENERAL DE LA FEDERACIÓN

1. *A la Secretaría de Programación y Presupuesto, la* LOAP *le confiere*:

☐ Coordinar las actividades de planeación nacional del desarrollo, así como procurar la congruencia entre las acciones de la administración pública federal y los objetivos y prioridades del Plan Nacional de Desarrollo.

☐ Proyectar y calcular los egresos del gobierno federal y de la administración pública paraestatal, haciéndolos compatibles con la disponibilidad de recursos que señale la Secretaría de Hacienda y Crédito Público, y en atención a las necesidades y políticas del desarrollo nacional.

☐ Autorizar los programas de inversión pública de las dependencias y entidades de la administración pública federal.

☐ Llevar a cabo las tramitaciones y registros que requiera la vigilancia y evolución del ejercicio de gasto público federal y de los presupuestos de egresos.

☐ Someter a la consideración del presidente de la República los cambios a la organización que determinen los titulares de las entidades y dependencias de la administración pública federal que signifiquen modificaciones a su estructura orgánica básica.

☐ Dictar las normas para las adquisiciones de toda clase que realicen las dependencias y entidades de la administración pública federal centralizada y paraestatal escuchando la opinión de la SECOFIN.

El acuerdo del 19 de mayo de 1983, le confiere:

☐ Fijar, dentro del marco del Plan Nacional de Desarrollo, las metas globales y sectoriales, estas últimas en *consulta* con los coordinadores de sector correspondientes, así como emitir las normas, lineamientos y directrices globales a los que habrán que ceñirse el gasto y la operación de las entidades paraestatales, en los términos de la Ley de Presupuesto, Contabilidad y Gasto Público Federal y de la Ley de Planeación.

☐ Con base en las propuestas de los coordinadores de sector, autorizar los montos globales de gasto, a cada uno de los sectores administrativos, así como su distribución entre la administración centralizada y la paraestatal, compatibilizándolas con las políticas nacionales de desarrollo, la disponibilidad de recursos y las restricciones establecidas por la Secretaría de Hacienda.

☐ Con base en las propuestas de los coordinadores, determinar los montos globales de subsidios y transferencias que se otorguen a las entidades en los términos del programa sectorial.

2. *A la Secretaría de Hacienda y Crédito Público, la* LOAP *le confiere*:

☐ Establecer y revisar los precios y tarifas de los bienes y servicios de la administración pública federal, o bien las bases para fijarlos, *escuchando* a las Secretarías de Programación y Presupuesto y de Comercio y Fomento Industrial y con participación de las dependencias que correspondan.

El acuerdo presidencial publicado el 19 de mayo de 1983 le asigna:

☐ Calcular y proyectar los ingresos de toda la administración pública federal en general y de sus sectores en particular, considerando los montos globales de financiamiento y la composición que se autoriza a estos últimos. Así mismo, adoptar medidas que provean el logro de los ingresos calculados y proyectados.

☐ Verificar que las operaciones en que se haga uso del crédito público provean el cumplimiento de objetivos y prioridades del desarrollo nacional y se sujeten a la Ley General de Deuda Pública.

☐ *Emitir*, previa consulta con los coordinadores sectoriales, las normas y lineamientos generales para la elaboración de los programas financieros, sectoriales e institucionales e integrar el programa financiero de la administración pública federal.

3. *A la Secretaría de la Contraloría General de la Federación, la* LOAP *le otorga las siguientes atribuciones*:

☐ Expedir las normas que regulen el funcionamiento de los instrumentos y procedimientos de control de la administración pública federal.

☐ Establecer las bases generales para la realización de auditorías en las dependencias y entidades de la administración pública federal, así como realizar tales auditorías que se requieran a las dependencias y entidades en sustitución o apoyo de sus propios órganos de control.

☐ Comprobar el cumplimiento, por parte de las dependencias y entidades de la administración pública federal, de las obligaciones derivadas de las disposiciones en materia de planeación, presupuestación, ingresos y financiamiento, inversión, deuda, patrimonio y fondos y valores de la propiedad o al cuidado del gobierno federal.

☐ Designar a los auditores externos de las entidades y normar y controlar su actividad.

☐ Proponer la designación de comisarios o sus equivalentes en los órganos de vigilancia en los consejos o juntas de gobierno y administración de las entidades de la administración pública paraestatal.

☐ Opinar sobre el nombramiento, y en su caso solicitar la remoción, de los titulares de las áreas de control de las dependencias.

DATOS BÁSICOS DE LAS EMPRESAS *INDUSTRIALES* EN QUE EL ESTADO ES INVERSIONISTA (1981)
I. GRUPO GOBIERNO FEDERAL
(Millones de pesos)

	Fecha de constitución	Principales productos finales de la empresa	Capital social pagado o patrimonio	Participación del gobierno federal en el capital social o patrimonio Valor	%	Existencia de inversión Priv. Ext.	Priv. nal.	Capital contable
GRUPO GOBIERNO FEDERAL (154 empresas)			262 524	247 483	94			879 645
1. *Monopolios* (11 empresas)			176 444	174 999	99			801 805
a. Materias primas y bienes intermedios (8 empresas)			175 425	174 225	99			799 812
Azufrera Panamericana, S.A. y filiales	mar 1947	Azufre y salmueras	460	269	59	no	no	1 604
Comisión Federal de Electricidad	ago 1937	Generación y distribución de electricidad	166 133	166 133	100	no	no	248 105
Fábricas de Papel Tuxtepec, S.A. y filiales	mar 1956	Papeles para periódico y texto gratuito	405	405	100	no	no	1 876
Fermentaciones Mexicanas, S.A.	feb 1975	L-lisina	371	223	60	sí	no	404
Mexicana de Papel Periódico, S.A.	jun 1974	Papeles para periódico y texto gratuito	1 742	1 045	60	no	no	1 395
Nitrocelulosas Industriales de México, S.A. de C.V.	oct 1980	Nitrocelulosa de uso industrial	144	63	40	sí	no	144
Petróleos Mexicanos y filiales	jun 1938	Combustibles, lubricantes y petroquímica básica	6 000	6 000	100	no	no	546 000
Productora Nacional de Papel Destintado, S.A. de C.V.	ago 1974	Papel periódico	170	87	51	sí	no	284
b. *Bienes de capital* (3 empresas)			1 019	774	76			1 993
AHMSA-Fábrica Nacional de Máquinas-Herramienta, S.A. de C.V.	nov 1973	Tornos paralelos universales	100	75	75	sí	sí	174
Constructora Nacional de Carros de Ferrocarril, S.A.	abr 1952	Equipo rodante ferroviario	455	370	81	no	no	1 355
Turborreactores, S.A. de C.V.	may 1980	Reconstrucción de turbinas para avión	464	329	71	sí	no	464
2. *Empresas de competencia* (143 empresas)			86 080	72 484	84			77 840
a. Materias primas y bienes intermedios (41 empresas)			36 259	24 891	69			42 335
Alimentos Balanceados de México, S.A. de C.V.	oct 1969	Alimentos balanceados para animales	2 000	2 000	100	no	no	4 416
Barita de Sonora, S.A.	jul 1979	Barita	300[1]	300	100	no	no	308
Celulosa del Pacífico, S.A.	mar 1966	Celulosa y papel kraft	100	100	100	no	no	111
Compañía Forestal de La Lacandona, S.A.	sep 1974	Madera en rollo y aserrada	85	72	85	no	sí	23
Compañía Minera de Cananea, S.A.	sep 1899	Cobre blister	4 277	1 860	44	sí	sí	5 656
Compañía Minera de Santa Rosalía, S.A.	ago 1954	Cobre ampollado	71	62	88	no	no	(14)
Fundidora Monterrey, S.A. y filiales	may 1900	Aceros laminados planos y no planos	11 256	5 324	47	sí	sí	12 201
Manufacturas Electrónicas, S.A.	jul 1956	Giradiscos	80	80	100	no	no	75
Minera Carbonífera Río Escondido, S.A.	ago 1977	Carbón mineral	1 200	900	75	no	no	1 200
Minerales No Metálicos de Guerrero, S.A.	1976	Caolín	23	19	81	no	no	42
Productos Químicos Vegetales Mexicanos, S.A. de C.V. (2 empresas)	1975	Fármacos y medicamentos	15	14	93	sí	sí	135
Siderúrgica Lázaro Cárdenas-Las Truchas, S.A.	1971	Aceros laminados	15 437	13 430	87	no	sí	15 373
Siderúrgica Nacional, S.A.	may 1954	Fundiciones, aceros aleados y tractores agrícolas	401	401	100	no	no	1 626
Sonocal, S.A. de C.V.	sep 1976	Cal	82	82	100	no	no	162
Empresas de participación FOMIN[2] (26 empresas)			932	247	26	en 2	todas	1 021
b. Bienes de capital (6 empresas)			5 160	3 526	68			5 522
Barrenas de Acero y Aguces, S.A.	jun 1957	Herramientas para la minería	12	7	59	no	sí	12
Diesel Nacional, S.A.	jul 1951	Tractocamiones, camiones, autobuses y motores	3 801	2 988	79	no	no	3 803

Activos totales	Ventas	Resultados	Personal ocupado	Participaciones del sector público en: Cap. cont.	Resultados	Observaciones
1 702 402	662 416	6 722	359 689	873 825	7 084	Rentabilidad sobre capital contable de inicio del ejercicio 1981: 0.8%
1 425 235	535 341	11 680	259 806	801 361	11 672	Rentabilidad sobre capital contable de inicio del ejercicio 1981: 1.5%.
1 413 784	527 701	-11 336	254 182	799 481	11 324	Rentabilidad sobre capital contable de inicio del ejercicio 1981: 1.4%.
5 202	3 804	477	6 098	1 604	477	Participa NAFINSA con el 41% restante.
212 561	60 154	10 209	95 200	248 105	10 209	Las cifras incluyen subsidios de operación federales.
2 158	1 105	104	853	1 876	104	En ejecución proyecto de ampliación. Con MEXPAPE y PRONAPADE se integra el monopolio estatal.
1 009	389	19	250	242	11	En construcción planta para glutamato monosódico. Filial de ALBAMEX, que se consigna por su importancia.
3 259	731	(482)	809	1 395	(482)	1981 fue su segundo año de operación Participa NAFINSA con el 40% restante.
144	—	—	5	114	—	Participa NAFINSA con el 30% y el Fondo de Coinversión Hispamex con el 15% adicionales. En etapa de construcción.
1 188 000	461 000	1 000	150 600	546 000	1 000	En 1981 pagó 244 000.0 millones de pesos de impuestos, equivalentes al 99.5% de sus utilidades.
1 451	518	9	367	145	5	La participación del gobierno federal es a través de PIPSA.
11 451	7 640	344	5 624	1 880	348	Rentabilidad sobre capital contable de inicio del ejercicio 1981: 22.7%.
495	155	(17)	302	131	(13)	La participación del gobierno federal es a través de AHMSA (21%), FOMIN (17%) y Fondo de Apoyo a la Empresa Pública (37%).
9 814	7 485	361	5 273	1 355	361	Participa NAFINSA con el 19% restante.
1 142	—	—	49	394	—	La participación del gobierno federal es a través de Aeroméxico y Mexicana de Aviación. Participa NAFINSA con 14% adicional. En etapa de construcción
277 167	127 075	(4 958)	99 883	72 464	(4 588)	Rentabilidad sobre capital contable de inicio del ejercicio 1981: 6.0%.
86 891	26 692	(47)	36 662	38 305	207	Rentabilidad sobre capital contable de inicio del ejercicio 1981: 0.5%.
5 919	2 456	40	2 142	4 416	40	
495	30	9	23	308	9	Participación del gobierno federal a través del Fideicomiso de Minerales no Metálicos.
196	80	(80)	467	111	(80)	Participación del gobierno federal a través del organismo público descentralizado Forestal Vicente Guerrero.
55	4	(44)	375	20	(37)	Participan grupos étnicos de la zona, administrados por el gobierno del estado de Chiapas.
10 716	1 686	(1 042)	2 400	4 129	(761)	Datos correspondientes a 1982. Participa NAFINSA con el 29% adicional
50	34	(30)	400	(14)	(30)	Participación del gobierno federal a través de la Comisión de Fomento Minero. NAFINSA y otras dependencias poseen el 12% restante.
30 234	10 421	419	15 998	10 615	364	Participa NAFINSA-Fideicomiso en BISA con 40% adicional.
683	374	(175)	500[E]	75	(175)	Empresa administrada por FISOMEX.
5 635	—	—	1 900	1 200	—	La participación del gobierno federal es a través de la Comisión de Fomento Minero y de la CFE. Participa NAFINSA con 25% restante. En etapa de construcción
56	48	4	77	42	4	La participación del gobierno federal es a través del Fideicomiso de Minerales No Metálicos El restante se divide entre el gobierno estatal y empresas estatales.
356	129	(113)	412	126	(105)	Participación del gobierno federal a través del IMSS, SHCP y FONAFE.
26 897	7 481	898	7 623	15 219	889	En construcción ampliación para laminados planos Participa NAFINSA con el 12% adicional.
2 635	2 505	139	3 091	1 626	139	
493	43	(42)	150	162	(42)	Participación del gobierno federal a través del Fideicomiso de Minerales No Metálicos.
2 471	1 401	(30)	1 104	270[4]	(8)[4]	El personal corresponde a sólo 19 empresas.
29 595	20 666	(507)	9 969	4 682	(460)	Rentabilidad sobre capital contable de inicio del ejercicio 1981: 8.9%.
25	23	1	27	10	1	Participan Comisión de Fomento Minero, SIDENA y Cía. Real del Monte y Pachuca con el 35% adicional.
23 726	16 154	(417)	7 308	3 803	(417)	Participa NAFINSA con el 21% restante. Con MASA constituye el monopolio de autobuses foráneos

134   ANEXO INFORMATIVO

(Continuación)

	Fecha de constitución	Principales productos finales de la empresa	Capital social pagado o patrimonio	Participación del gobierno federal en el capital social o patrimonio		Existencia de inversión		Capital contable
				Valor	%	Ext.	Priv. nal.	
Renault de México, S.A.	jun 1978	Automóviles 4 cilindros	1 250	500	40	sí	no	1 609
Empresas de participación FOMIN[2] (3 empresas)			97	31	32	no	todas	98
c. Bienes de consumo (96 empresas)			44 661	44 067	99			29 983
• Ayotla Textil, S.A.	1947	Telas de algodón	76	76	100	no	no	(372)
Compañía Nacional de Subsistencias Populares (4 empresas industriales)	1953	Alimentos básicos	14 809	14 809	100	no	no	3 741
Comercial de Telas, S.A.	abr 1965	Telas de algodón	85	85	100	no	no	158
Hilos Cadena, S.A.	oct 1913	Hilos para costura y bordado	15	15	100	no	no	179
Industrial Textil Bellavista, S.A.	jul 1980	Telas de algodón	35	35	100	no	no	34
Industrias Pesqueras Paraestatales del Noroeste, S.A. de C.V. (8 empresas)		Alimentarios de la pesca	3 172	3 172	100	no	no	3 066
Ingenios Azucareros Estatales (52 empresas)		Azúcar, mieles, alcohol y bagazo	25 063[3]	25 063	100	no	no	15 857
Productos Pesqueros Mexicanos, S.A de C.V. (8 empresas)		Alimentarios de la pesca	500	500	100	no	no	6 543
Empresas de participación FOMIN[2] (20 empresas)			906	312	34	no	todas	777

[1] Calculado por diferencia entre capital contable y las utilidades que se consignan, correspondientes al primer ciclo de operación.
[2] FOMIN participa en el capital social de 90 empresas industriales. Adicionalmente, con créditos subordinados convertibles en acciones, en 12 de éstas y en otras 9 en las que no tiene participación accionaria. De las 90 mencionadas, fueron eliminadas las siguientes: 17 que están en proceso de liquidación; 8 que están consignadas en el grupo II. NAFINSA (participan ambas instituciones); 5 en las que la participación de FOMIN es inferior al 10% y 11 para las que no se contó con información completa. Por lo tanto, las cifras que se presentan corresponden a 49 empresas.
[3] Incluye 18 543.0 millones de pesos de aportaciones del gobierno federal, pendientes de capitalizar, que no generan intereses.
[4] Calculado con base en ponderaciones de la participación individual.
e Estimado.
n.d. No disponible.

Activos totales	Ventas	Resultados	Personal ocupado	Participaciones del sector público en: Cap. cont.	Resultados	Observaciones
5 651	4 415	(75)	2 474	837	(39)	Participación del gobierno federal a través de DINA. COFRAMEX participa con el 20% adicional.
193	74	(16)	160	32[4]	(5)[4]	
160 681	79 717	(4 404)	53 252	29 477	(4 335)	Rentabilidad sobre capital contable de inicio del ejercicio 1981: 12.8%.
1 403	896	(390)	1 690	(372)	(390)	
88 327	43 886	n.d.	2 899	3 741	n d.	Las cifras excluyen al sistema distribuidor.
359	301	25	606	158	25	
390	368	16	449	179	16	
154	2	(1)	182	34	(1)	1981 primer año (incompleto) de operación
3 986	2 082	(106)	4 473	3 066	(106)	
48 832	23 506	(2 000)[L]	30 880	15 857	(2 000)[e]	Participación del gobierno federal a través del Fideicomiso Azucarero radicado en FINASA.
14 783	7 632	(1 855)	9 624	6 543	(1 855)	
2 447	1 044	(93)	2 449	271[4]	(24)[4]	

II. GRUPO NAFINSA
(Millones de pesos)

	Fecha de constitución	Principales productos finales de la empresa	Capital social pagado o patrimonio	Participación de NAFINSA en el capital social o patrimonio		Existencia de inversión Priv.		Capital contable
				Valor	%	Ext.	nal.	
II GRUPO NAFINSA (108 empresas)			55 939	34 718	62			147 343
1. *Monopolios* (16 empresas)			17 730	12 798	72			30 507
a. Materias primas y bienes intermedios (7 empresas)			13 001	11 622	89			19 929
* Cobre de México, S.A. y filiales	may 1943	Cobre electrolítico	521	252	48	no	sí	547
Electrometalurgia de Veracruz, S.A. de C.V.	abr 1976	Carburos y corindones abrasivos	375	162	43	sí	sí	170
Fertilizantes Mexicanos, S.A. y filiales	jul 1943	Fertilizantes y plaguicidas	10 883	10 883	100	no	no	16 852
Glicoles Mexicanos, S.A. de C.V.	ago 1974	Etilenglicol	147	29	20	no	sí	486
Mexinox, S.A.	feb 1973	Láminas dé acero inoxidable	812	216	27	sí	sí	1 607
Productora de Cospeles, S.A.	sep 1981	Troquelados para monedas	75	30	40	no	no	79
Productora Mexicana de Fármacos, S.A. de C.V.	ene 1980	Ácido ascórbico U.S.P.	188	50	27	sí	sí	188
b. Bienes de capital (9 empresas)			4 729	1 176	25			10 578
Centrífugas Broadbent Interamericana, S.A. de C.V.	nov 1973	Centrífugas azucareras	48	10	20	sí	no	18
Compañía Mexicana de Radiología CGR, S.A. de C.V.	jul 1975	Equipos de rayos X y hospitalarios	24	6	24	sí	sí	33
Dina Komatsu Nacional, S.A. de C.V.	sep 1974	Tractores y cargadores de oruga	400	208	52	sí	no	618
Grupo Industrial NKS, S.A. de C.V	dic 1979	Forjas y fundiciones de gran peso	910	305	34	sí	no	910
Oerlikon Italiana de México, S.A. de C.V.	feb 1976	Máquinas fresadoras	123	54	44	sí	sí	104
Sistemas de Energía Autónoma, S.A.	oct 1979	Minigeneradores de energía solar	10	1	11	sí	no	9
Tubos de Acero de México, S A.	ene 1952	Tubería forjada sin costura	2 800	389	14	sí	sí	8 518
Turalmex, S.A.	jul 1980	Turbinas térmicas para generación	270	132	49	sí	no	224
Turbinas y Equipos Industriales, S.A.	jul 1981	Turbinas hidráulicas para generación	144	71	49	sí	no	144
2. *Empresas de competencia* (92 empresas)			38 209	21 920	57			116 835
a. Materias primas y bienes intermedios (62 empresas)			30 695	19 656	64			103 173
Aceros Ecatepec, S.A.	abr 1951	Fundiciones, varillas y torres metálicas	408	29	7	sí	sí	1 353
Adhesivos, S.A.	ene 1972	Adhesivos industriales y formol	25	16	66	no	no	42
Altos Hornos de México, S.A. y filiales	1942	Aceros laminados planos y no planos	17 150	15 863	93	no	sí	47 143
Amercoat Mexicana, S.A. de C.V.	1948	Recubrimientos industriales	65	5	8	sí	sí	115
Compañía Industrial de Atenquique, S.A. y filiales	oct 1941	Papel kraft y cajas de empaque	345	270	61	no	sí	1 554
Compañía Industrial de San Cristóbal, S.A. (7 empresas industriales)	ago 1951	Papeles: escritura, impresión y uso doméstico	2 000	234	12	sí	sí	10 837
Compañía Minera Autlán, S.A. de C.V. y filiales	oct 1953	Ferroaleaciones y manganeso	376	142	38	sí	sí	1 851
Chapas y Triplay, S.A.	jun 1936	Triplay de pino	10	10	100	no	no	43
Dina Rockwell Nacional, S.A.	abr 1975	Ejes para camiones	260	78	30	sí	no	911
Forjamex, S.A. de C.V.	mar 1975	Piezas de forja estampa	200	185	92	no	no	28
Grupo Condumex, S.A. de C.V. (19 empresas)	dic 1977	Cables conductores y material automotriz	1 019	157	15	sí	sí	6 938
Industrias Peñoles, S.A. (21 empresas)	jun 1961	Plomo, cinc, cobre, oro y plata	2 325	228	10	no	sí	13 534
Maderas Industrializadas de Quintana Roo, S.A.	sep 1952	Triplay de maderas finas	25	25	100	no	no	68
Mexicana de Cobre, S.A. y filial	oct 1968	Cobre	6 133	2 331	38	no	sí	16 326
Negromex, S.A. y filial	1961	Negro de humo, hule sintético y productos químicos	216	26	10	sí	sí	2 182
Productos Cowen, S.A.	jul 1973	Grifería doméstica	17	3	15	no	sí	24
Servicios Forestales, S.A.	jun 1965	Explotación de maderas finas	6	6	100	no	no	13
Triplay de Palenque, S.A.	sep 1974	Triplay de maderas finas	70	48	68	no	no	211
b. Bienes de capital (21 empresas)			4 633	1 370	30			8 524

Activos totales	Ventas	Resultados	Personal ocupado	Participaciones del sector público en:		Observaciones
				Cap. cont.	Resultados	
321 755	136 050	6 759	114 407	82 715	2 454	Rentabilidad sobre capital contable de inicio del ejercicio 1981: 3.1%.
85 361	34 714	1 621	19 106	20 469	708	Rentabilidad sobre capital contable de inicio del ejercicio 1981: 3.6%.
59 695	23 982	532	12 236	17 946	529	Rentabilidad sobre capital contable de inicio del ejercicio 1981: 3.0%.
1 782	3 385	25	687	263	12	
456	141	(92)	284	73	(40)	
52 825	18 743	529	10 700	16 852	529	Las cifras incluyen subsidios federales.
767	499	44	80	194	18	Somex participa con 20% adicional
3 498	1 208	22	461	434	6	
81	6	4	3	79	4	Banco de México, S.A. participa con el 60% restante. En etapa de construcción
286	—	—	21	51	—	En etapa de construcción.
25 666	10 732	1 089	6 870	2 523	179	Rentabilidad sobre capital contable de inicio del ejercicio 1981: 7.6%.
218	100	(7)	137	8	(3)	Participa FINASA con 20% adicional.
103	80	1	112	10	—	Participa el Fondo de Coinversión COFRAMEX con 12% adicional.
3 123	2 398	106	564	365	63	Diesel Nacional participa con 7% adicional.
1 091	—	—	109	619	—	Participa SIDERMEX con 34% adicional. En etapa de construcción.
430	84	(50)	143	54	(26)	El Fondo de Apoyo a la Empresa Pública participa con 8% adicional.
30	3	(1)	7	5	(1)	El Fondo de Coinversión México-Israel participa con 30% adicional y FOMIN con 31% En etapa de construcción.
20 296	8 067	1 040	5 791	1 193	146	
230	—	—	—	168	—	Acciones de NAFINSA en fideicomiso BISA con 26% adicional. En etapa de construcción
145	—	—	7	101	—	Acciones en fideicomiso BISA por 21% adicional. En etapa de construcción.
236 394	101 336	5 138	95 301	62 246	1 746	Rentabilidad sobre capital contable de inicio del ejercicio 1981: 2.9%.
202 229	77 785	3 929	71 677	57 784	1 540	Rentabilidad sobre capital contable de inicio del ejercicio 1981: 2.7%.
3 104	1 703	37	2 027	95	3	Existe un fideicomiso de mexicanización, siendo NAFINSA la fiduciaria. Participación pública imprecisa.
105	71	(10)	59	42	(10)	FOMIN participa con el 23% y Chapas y Triplay, S.A. con el 11% adicionales
86 717	25 827	1 762	30 068	43 843	1 639	
273	404	13	370	33	4	FOMIN participa con el 21% adicional.
1 917	1 562	151	1 487	948	92	
18 583	8 675	1 039	6 941	1 300	125	
9 011	3 108	2	2 387	814	1	La Comisión de Fomento Minero participa con 6% adicional.
61	120	14	205	43	14	Participa Diesel Nacional, S A. con 30% adicional.
1 750	813	61	665	547	37	Fisomex participa con el 6.5% adicional y el Fondo de Apoyo a la Empresa Pública con el resto.
443	98	(131)	307	28	(131)	
11 079	9 750	931	7 649	1 041	140	La primera empresa del grupo se constituyó en 1953. La fecha consignada es de la controladora.
25 045	17 618	906	11 680	1 353	91	
112	228	20	410	68	20	
39 127	5 208	(1 181)	5 646	7 183	(520)	Participa la Comisión de Fomento Minero con 6% adicional.
4 499	2 253	306	940	218	31	
94	138	6	303	4	1	La participación privada es de los obreros.
17	53	3	309	13	3	Proveedora de Maderas Industrializadas de Quintana Roo, S.A.
292	156	0	224	211	0	FOMIN participa con el 30% y el Fondo de Apoyo a la Empresa Pública con el 2% adicional.
19 477	15 988	983	13 724	3 214	252	Rentabilidad sobre capital contable de inicio del ejercicio 1981: 8.5%.

(Continuación)

	Fecha de constitución	Principales productos finales de la empresa	Capital social pagado o patrimonio	Participación de NAFINSA en el capital social o patrimonio Valor	%	Existencia de inversión Ext.	Priv. nal.	Capital contable
Compañía de Manufacturas Metálicas Pesadas, S.A. de C.V.	may 1979	Pailería pesada (equipos)	225	110	49	sí	no	225
Compañía Industrial y Comercial Americana, S.A.	sep 1953	Medidores de agua	40	18	45	sí	sí	71
Empresas Industriales del Hierro, S.A. (7 empresas)	abr 1979	Pailería pesada y maquinaria	1 145	144	13	sí	sí	2 504
Fábrica de Tractores Agrícolas, S.A.	sep 1981	Tractores agrícolas	220	132	60	sí	no	220
IEM, S.A. (3 empresas)	ago 1973	Equipo eléctrico industrial y doméstico	1 350	411	31	sí	sí	2 331
Interruptores de México, S.A.	jul 1977	Interruptores de hexafluoruro •	200	68	34	sí	no	119
KSB Mexicana, S.A. y filial	jun 1953	Bombas de gran caudal y sumergibles	40	10	26	sí	sí	86
Motores Perkins, S.A.	feb 1966	Motores diesel	590	103	17	sí	sí	1 652
Productora de Engranes y Reductores, S.A. de C.V.	ago 1981	Engranes y reductores de velocidad	66	21	32	sí	no	70
Productora Mexicana de Tubería, S.A.	nov 1980	Tubo soldado de gran diámetro	520	277	34	sí	no	525
Sociedad Mexicana de Fabricaciones Metálicas, S.A. de C.V.	sep 1979	Coples para tubería	91	31	34	sí	sí	89
Swecomex, S.A. y filiales	may 1959	Equipo termodinámico	96	38	40	no	sí	554
Telettra Industrial, S.A.	oct 1973	Equipo de microondas	50	7	13	sí	sí	78
c. Bienes de consumo (9 empresas)			2 881	894	31			5 139
Alimentos del Fuerte, S.A. de C.V. y filiales	oct 1973	Vegetales alimenticios enlatados	300	246	82	no	sí	286
Avantram Mexicana, S.A.	may 1963	Casimires de lana y de mezclas	94	33	35	no	sí	141
Bicicletas Cóndor, S.A. y filiales	jul 1963	Bicicletas y sus partes	110	33	30	no	no	29
Cigarros La Tabacalera Mexicana, S.A. de C.V.	1907	Cigarrillos	842	84	10	sí	sí	1 604
Grupo Pliana, S.A. (4 empresas)	may 1979	Filamento, telas y confecciones de polipropileno	1 235	198	16	sí	sí	2 831
Nueva Nacional Textil Manufacturera del Salto, S.A. y filial	mar 1973	Telas de algodón	300	300	100	no	no	248

Activos totales	Ventas	Resultados	Personal ocupado	Participaciones del sector público en: Cap. cont.	Resultados	Observaciones
444	—	—	76	153	—	Participa el Fondo de Coinversión COFRAMEX con el 31% adicional y fideicomiso BISA con 11%. En etapa de construcción.
129	219	15	225	32	7	Fideicomiso en BISA por 5% adicional.
8 053	6 679	560	7 818	326	73	Las primeras empresas del grupo se crearon en 1962. La fecha consignada es de la controladora.
220	—	—	—	132	—	En etapa de construcción.
4 124	4 404	266	3 071	723	82	La primera empresa del grupo se creó en 1948. La fecha consignada es de la controladora.
462	183	(66)	91	80	(44)	Acciones de NAFINSA en fideicomiso en BISA por 33% adicional.
110	95	13	121	22	3	
3 592	3 904	186	1 308	1 107	125	Participa Diesel Nacional, S.A. con 50% adicional.
74	—	4	6	46	3	Participa AHMSA con 33% adicional. En etapa de construcción.
721	—	3	117	315	2	SIDERMEX participa con 26% adicional. En etapa de construcción.
206	—	(2)	6	30	(1)	La participación de NAFINSA señalada es a través del Fondo de Coinversión COFRAMEX. En etapa de construcción.
1 030	202	7	735	222	3	Estas empresas constituyen el grupo INDELTA en 1982, agrupando 4 empresas industriales.
312	302	(3)	150	26	(1)	Participa el Fondo de Coinversión ITALMEX con 33% adicional.
14 688	7 563	226	9 900	1 248	(46)	Rentabilidad sobre capital contable de inicio del ejercicio 1981: 3.6%.
1 186	953	(75)	1 280	235	(62)	Dos de las filiales en etapa de construcción.
430	316	8	772	123	7	Participan el Fondo de Apoyo de la Empresa Pública con el 38% y el gobierno federal con el 14% adicionales.
478	131	(58)	557	29	(58)	Participan FOMIN y el Fondo de Apoyo a la Empresa Pública complementando el 100%.
3 288	2 631	118	1 796	160	12	
7 245	2 635	212	4 455	453	34	La primera empresa del grupo se creó en 1974. La fecha consignada es de la controladora.
2 061	897	21	1 040	248	21	La fecha consignada es la de la creación de Nueva Nacional Textil Manufacturera del Salto, S.A.

III. GRUPO FISOMEX
(Millones de pesos)

	Fecha de constitución	Principales productos finales de la empresa	Capital social pagado o patrimonio	Participación de FISOMEX en el capital social o patrimonio — Valor	%	Existencia de inversión — Ext.	Priv. nal.	Capital contable
III GRUPO FISOMEX (32 empresas)			13 984	81 199	59			26 209
1. Monopolios (5 empresas)			2 681	1 405	52			5 054
a) Materias primas y bienes intermedios (3 empresas)			2 009	745	37			4 307
Atsugi Mexicana, S.A.	mar 1979	Bombas de agua y aceite automotrices	70	42	60	sí	no	238
Manufacturera de Cigüeñales de México, S.A. de C.V.	may 1976	Cigüeñales automotrices	670	335	50	no	no	499
Tereftalatos Mexicanos, S.A.	nov 1970	Ácido tereftálico	1 269	368	29	sí	sí	3 570
b. Bienes de capital (2 empresas)			672	660	98			747
Mecamex, S.A.	1970	Tornos paralelos universales y accesorios	70	58	83	no	si	238
Mexicana de Autobuses, S.A. de C.V.	1946	Autobuses y trolebuses	602	602	100	no	no	509
2. Empresas de competencia (14 empresas)			11 303	6 794	60			21 155
a. Materias primas y bienes intermedios (62 empresas)			6 388	3 071	48			13 648
Acrotec, S.A.	sep 1981	Válvulas y termostatos para línea blanca	60	60	100	no	no	60
Bujías Champion de México, S.A.	1958	Bujías	295	47	16	sí	sí	439
Cementos Anáhuac del Golfo, S.A.	1972	Cementos	1 989	796	40	no	sí	2 866
Cloro de Tehuantepec, S.A. de C.V.	sep 1974	Cloro y sosa	1 894	1 042	55	no	no	5 000
Fibras Nacionales de Acrílico, S.A. de C.V.	1980	Fibra acrílica	39	39	100	no	no	39
Fundidora Lerma, S.A.	1979	Fundiciones de hierro gris	42	42	100	no	no	1
Inmuebles y Equipos Industriales, S.A.	1950	Motocompresoras para refrigeradores	15	15	100	no	no	118
Manufacturera Mexicana de Partes de Automóvil, S.A.	1955	Radiadores, anillos y amortiguadores	192	100	52	sí	no	335
Mexaro, S.A. de C.V.	1979	Caprolactama y sulfato de amonio	28	21	75	sí	no	28
Poliestireno y Derivados, S.A. de C.V.	mar 1973	Resinas de poliestireno	207	184	89	sí	sí	181
Polietileno de Monterrey, S.A.	1960	Polietileno	41	41	100	no	no	(48)
Polimar, S.A. de C.V.	1980	Resinas ABS	29	20	70	sí	no	29
Sosa Texcoco, S.A.	dic 1943	Sosa, carbonato, bicarbonato y cloruro de sodio	571	565	99	no	sí	2 754
Univex, S.A.	1968	Caprolactama	986	99	10	sí	sí	1 846
b. Bienes de capital (7 empresas)			2 592	1 509	58			4 061
Industria de Telecomunicación, S.A. de C.V.	1957	Equipos de telecomunicaciones	753	309	41	sí	sí	1 626
Manufacturera Fairbanks Morse, S.A.	1945	Equipo eléctrico industrial	98	59	60	sí	no	464
Maquiladora Automotriz Nacional, S.A.	1974	Ensamble de camiones	20	20	100	no	no	14
Mecánica Falk, S.A.	1944	Equipo de transmisión de fuerza	121	62	51	no	sí	274
Moto Diesel Mexicana, S.A. de C.V.	1981	Motores diesel	148	89	60	sí	no	147
Traksomex, S.A.	ene 1980	Tractocamiones	40	24	60	sí	no	63
Vehículos Automotores Mexicanos, S.A. de C.V.	feb 1946	Automóviles	1 412	946	67	sí	no	1 473
c. Bienes de consumo (6 empresas)			2 323	2 214	95			3 446
Aceros Esmaltados, S.A.	1943	Línea blanca	726	726	100	no	no	794
Embotelladora Garci-Crespo, S.A.	1949	Aguas minerales embotelladas	112	112	100	no	no	370
Estufas y Refrigeradores Nacionales, S.A.	1970	Aparatos electrodomésticos	714	714	100	no	no	939
Manufacturera Corpomex, S.A.	1950	Aparatos electrodomésticos	295	295	100	no	no	681
Nueva San Isidro, S.A.	1935	Vajillas	113	113	100	no	no	249
Porcelana Euromex, S.A.	1979	Loza y porcelana	363	254	70	sí	no	413

Activos totales	Ventas	Resultados	Personal ocupado	Participaciones del sector público en:		Observaciones
				Cap. cont.	Resultados	
52 363	35 018	1 079	26 581	19 070	(40)	Rentabilidad sobre capital contable de inicio del ejercicio 1981: 0.2%.
10 620	4 598	223	2 974	3 598	72	Rentabilidad sobre capital contable de inicio del ejercicio 1981: 2.0%.
7 537	2 923	304	812	2 891	152	Rentabilidad sobre capital contable de inicio del ejercicio 1981: 5.5%.
438	133	(7)	162	143	(4)	
1 227	60	(108)	250	499	(108)	Participa NAFINSA con el 50% restante. Promovida por FISOMEX. En etapa de integración de sus líneas.
5 872	2 730	419	400	2 249	264	Participan NAFINSA con el 18% y el Fondo de Apoyo a la Empresa Pública con el 16% adicionales.
3 083	1 675	(81)	2 162	707	(80)	Rentabilidad sobre capital contable de inicio del ejercicio 1981: 10.2%.
438	133	(7)	162	198	(6)	Junto con Fanamher y Oerlikon constituye el monopolio gubernamental de fabricación de máquinas-herramienta de arranque de viruta.
2 645	1 542	(74)	2 000	509	(74)	Junto con Diesel Nacional, S.A. constituye el monopolio gubernamental de autobuses foráneos.
41 743	30 420	856	23 607	15 472	(112)	Rentabilidad sobre capital contable de inicio del ejercicio 1981: 0.7%.
23 658	10 489	(17)	7 091	9 673	(760)	Rentabilidad sobre capital contable de inicio del ejercicio 1981: 7.3%.
62	—	—	8	60	—	En etapa de construcción.
505	788	144	650	70	23	
4 950	3 788	672	1500	1 146	269	
9 754	1 102	(978)	518	5 000	(978)	Participan NAFINSA con el 30% y Azufrera Panamericana, S.A. con el 15% adicionales.
378	—	—	10	39	—	En etapa de construcción.
215	150	(23)	30	1	(23)	
188	329	23	450	118	23	
616	933	66	1 400	174	34	
597	—	—	20	21	—	En etapa de construcción.
744	401	(37)	200	161	(33)	
92	146	7	400	(48)	7	
37	—	—	35	20	—	En etapa de construcción.
3 357	1 433	(104)	1 400	2 726	(103)	
2 163	1 419	213	470	185	21	
11 243	14 565	455	9 721	2 477	230	Rentabilidad sobre capital contable de inicio del ejercicio 1981: 10.2%.
2 651	3 248	279	4 200	667	114	
871	733	43	940	278	26	
155	192	(3)	853	14	(3)	
507	506	54	444	140	28	
326	—	—	50	88	—	En etapa de construcción.
605	1 602	20	67	38	12	
6 128	8 284	62	3 167	1 252	53	Participa el Fondo de Apoyo a la Empresa Pública con el 18% adicional.
6 842	5 366	418	6 795	3 322	418	Rentabilidad sobre capital contable de inicio del ejercicio 1981: 14.4%.
1 443	1 484	85	1 100	794	85	
550	493	94	775	370	94	
2 489	1 590	128	2 050	939	128	
1 388	1 424	67	2 000	681	67	
335	375	44	840	249	44	
637	—	—	30	289	—	En etapa de construcción.

IV. GRUPO FILIALES O ASOCIADAS DE EMPRESAS *INDUSTRIALES*[1]
EN QUE EL ESTADO ES INVERSIONISTA
(Millones de pesos)

	Participación de la empresa matriz
Totales (65 empresas)	
1. *Del grupo gobierno federal* (28 empresas)	
Azufrera Panamericana,' S.A. (3 filiales)	
Azufrera Limonta, S.A. de C.V.	100
Enxofres Bramex, S.A.	100
Sales de Tancamichapa, S.A. de C.V.	96
Fábricas de Papel Tuxtepec, S.A. (4 filiales)	
Etla, S.A.	100
Pápalo, S.A.	51
Silvícola Magdalena, S. de R.L.	100
Silvicultores de Teococuilco, S. de R.L.	45
Petróleos Mexicanos (3 filiales)	
Tetraetilo de México, S.A.	60
Hules Mexicanos, S.A.	60
Refinería de Petróleo del Norte, S.A. (en España)	14
Fundidora Monterrey, S.A. (18 filiales)	
Carbón y Cok, S.A.	100
Carbón y Minerales de Coahuila, S.A.	100
Carros de Ferrocarril de Durango, S.A.	100
Cerro de Mercado, S.A.	100
Compañía Minera Central, S.A.	100
Compañía Minera Mamey, S.A.	100
Compañía Minera Norex, S.A.	51
Clemex, S.A. de C.V.	60
Concretos Procesados, S.A.	100
Concretos Tamaulipas, S.A. de C.V.	100
Estructuras de Acero, S.A.	100
Ferroaleaciones de México, S.A.	67
Tubería Nacional, S.A.	100
Hullera Mexicana, S.A.	92
Hullera Saltillo, S.A.	100
Minera del Norte, S.A.	100
Refractarios H.W. Flir, S.A.	51
Refractarios H.W. Flir de México, S.A.	51

Capital contable 1982	Ventas 1981	Personal ocupado 1981	Observaciones
27 691	150 046	17 415	
7 117	141 054	8 059	
7	n.d.	—	El personal se incluye en el consignado por la matriz.
n.d.	n.d.	n.d.	
1	n.d.	n.d.	
156	n.d.	n.d.	
1	n.d.	n.d.	
15	n.d.	n.d.	
1	n.d.	n.d.	
n.d.	619	368	
1 241	2 110	736	
n.d.	137 637[2]	586	La cifra de personal no se incluye en el total.
646	n.d.	859	
59	n.d.	—	Sin personal propio.
2	n.d.	56	
212	n.d.	476	
2	n.d.	—	Sin personal propio.
12	n.d.	117	
3	n.d.	100	
287	n.d.	7	En etapa de construcción.
480	n.d.	214	
29	n.d.	18	
145	688	400	
509	n.d.	299	
655	n.d.	675	
976	n.d.	1 432	
29	n.d.	414	
742	n.d.	817	
657	n.d.	779	
250	n.d.	292	

(Continuación)

	Participa- ción de la empresa matriz
2. *Del grupo Nafinsa* (37 empresas)	
Cobre de México, S.A. (2 filiales)	
Minera de San Pedro y Anexas, S.A. de C.V.	100
Compañía Minera Real de Asientos y Anexas, S.A. de C.V.	48
Fertilizantes Mexicanos, S.A. (1 filial)	
Fosforitas Mexicanas, S.A.	33
Altos Hornos de México, S.A. (17 filiales)	
Compañía Carbonera La Sauceda, S.A.	100
Compañía Mexicana de Tubos, S.A.	100
Compañía Minera Guadalupe, S.A.	100
Consorcio Minero Benito Juárez-Peña Colorada, S.A.	52
Envases Generales Continental de México, S.A. de C.V.	32
Fundiciones de Hierro y Acero, S.A.	100
Dravo de México, S.A.	51
Compañía Minera La Florida de Múzquiz, S.A.	n.d.
La Perla Minas de Fierro, S.A.	100
Metalúrgica Almena, S.A.	43
Minerales Monclova, S.A.	100
Productos Tubulares Monclova, S.A.	34
Rassini Rheem, S.A.	51
Torres Mexicanas, S.A.	67
Tubacero, S.A.	100
Minas de California, S.A.	51
Cabezas de Acero Kikapoo, S.A.	51
Compañía Industrial de Atenquique, S.A. (3 filiales)	
Envases y Empaques Nacionales, S.A.	100
Industrias Forestales Integrales, S.A.	100
Aserraderos Técnicos Nacionales, S.A.	100
Compañía Minera Autlán, S.A. de C.V. (3 filiales)	
Autlan Manganese (en Estados Unidos)	100
Hornos Eléctricos de Venezuela, S.A. de C.V. (en Venezuela)	57
Maratines, S.A. de C.V.	50

Capital contable 1982	Ventas 1981	Personal ocupado 1981	Observaciones
20 574	8 992	9 356	
(15)	n.d.	n.d.	
94	n.d.	n.d.	
n.d.	n.d.	21	En fusión con ZINCAMEX.
447	n.d.	—	Personal incluido en AHMSA.
109	88	285	
1 176	n.d.	—	Personal incluido en AHMSA.
2 703	1 776	1 379	
2 921	n.d.	n.d.	
220	895	1 400 ^{e}	
60	309	n.d.	
n.d.	n.d.	n.d.	
5 391	n.d.	—	Personal incluido en AHMSA.
198	n.d.	n.d.	
2 450	n.d.	—	Personal incluido en AHMSA.
994	1 644	797	
997	1 761	1 312	
539	1 120	1 210	
655	n.d.	2 064	
20	n.d.	n.d.	
139	688	350	
282	617	446	
57	n.d.	n.d.	
n.d.	n.d.	n.d.	
189	n.d.	n.d.	
749	n.d.	n.d.	
2	n.d.	n.d.	

(Continuación)

	Participa-ción de la empresa matriz
Mexicana de Cobre, S.A. (1 filial) Reactivos Mexicanos, S.A. de C.V.	100
KSB Mexicana, S.A. (1 filial) Fundiciones Maga, S.A.	51
Swecomex, S.A. (3 filiales) Precitubo, S.A. de C.V.	51
Empaques y Manufacturas Metálicas, S.A. de C.V. Equipos Térmicos, S.A. de C.V.	51 99
Alimentos Del Fuerte, S.A. de C.V. (3 filiales) Productos Deshidratados Del Fuerte, S.A. de C.V.	32
Productos Industrializados Del Fuerte, S.A. de C.V. Industrias Alimenticias Nacionales, S.A.	100 100
Bicicletas Cóndor, S.A. (2 filiales) Talleres Tlajomulco, S.A. Accesorios Tubulares Especiales, S.A.	100 100
Nueva Nacional Textil Manufacturera del Salto, S.A. (1 filial) Confecciones de Occidente, S.A.	98

[1] Corresponde a las empresas incluidas en los grupos: I. Gobierno federal y II. NAFINSA (FISOMEX no reporta filiales en las empresas en las que participa). Sólo se consideran las filiales de las empresas en que los dos grupos citados participan, aislada o conjuntamente, con 25% o más del capital social. Sólo se incluyen filiales y asociadas industriales. Filiales son aquellas en que la matriz tiene la mayoría del capital.
[2] Dato correspondiente a 1982.
[e] Estimado.
n.d. No disponible.

Capital contable 1982	Ventas 1981	Personal ocupado 1981	Observaciones
n.d.	n.d.	n.d.	
14	n.d.	n.d.	
119	—	10 e	En etapa de construcción en 1981.
14	n.d.	n.d.	
13	—	n.d.	En etapa de construcción en 1981.
90	—	10e	Participan adicionalmente FO-MIN y el Fondo de Coinversión México-Israel. En etapa de construcción.
327	—	10 e	En etapa de construcción.
56	87	n.d.	
22	7	62	
4	—	—	No tiene personal propio. No operó.
(462)	—	—	En etapa de reconstrucción.

V. GRUPO DE OTRAS EMPRESAS *INDUSTRIALES* EN QUE EL ESTADO
ES INVERSIONISTA[1], 1981
(Millones de pesos)

Totales (70 empresas)

1. *De participación mayoritaria*[2] (57 empresas)
   Accesorios Tubulares Especiales, S.A.
   Alcoholera de Puruarán, S.A.
   Alcoholes La Concha, S.A.
   Astilleros Rodríguez, S.A.
   Astilleros Unidos de Mazatlán, S.A. de C.V.
   Astilleros Unidos de Veracruz, S.A. de C.V.
   Astilleros Unidos, S.A. de C.V.
   Azufres Nacionales Mexicanos, S.A.
   Bagazo Industrializado, S.A.
   Beneficiadora de Frutas Cítricas y Tropicales de Colima,
     S.A. de C.V.
   Beneficiadora de Frutas Cítricas y Tropicales de Guerrero,
     S.A. de C.V.
   Beneficiadora de Frutas Cítricas y Tropicales de Oaxaca,
     S.A. de C.V.
   Cerámicas y Ladrillos, S.A.
   Compañía de Real del Monte y Pachuca, S.A.
   Compañía Exploradora del Istmo, S.A.
   Compañía Metalúrgica de Atotonilco-El Chico, S.A.
   Compañía Minera La Unión, S.A.
   Clem, S.A.
   Compañía Textil Mexicana, S.A.
   Complejo Frutícola Industrial de la Cuenca del Papaloapan,
     S.A. de C.V.
   Construcciones Navales de Guaymas, S.A.
   Cooperativa Obrera de Vestuario y Equipo, S.C.L. de P.E.
     (COVE)
   Cordemex, S.A. de C.V.
   Corporación Nacional Industrial, S.A.
   Departamento de la Industria Militar
   Empresa Pesquera del Balsas, S.A. de C.V.
   Envases Latinoamericanos, S.A.
   Exportadora de Sal, S.A.
   Grafito de México, S.A.
   Grandes Motores Diesel de México, S.A. de C.V.
   Hilados Guadalajara, S.A.
   Insecticidas y Fertilizantes Mexicanos, S.A. de C.V.
   Macocozac, S.A.
   Manganeso, S.A.
   Manufacturas Gargo, S.A.
   Mármoles del Valle del Mezquital, S.A. de C.V.

Ventas netas	Personal ocupado	Observaciones
8 189	24 358	
8 189	22 744	
n.d.	—	Sin personal propio.
n.d.	n.d.	
n.d.	n.d.	
309	395	
301	72	En integración.
366	1 544	
46	82	
n.d.	n.d.	
n.d.	n.d.	
n.d.	n.d.	
n.d.	n.d.	
n.d.	n.d.	
6	60	
296	4 182	Participa Com. de Fom. Min.
934	1 156	Participa Com. de Fom. Min.
n.d.	n.d.	
n.d.	n.d.	
45	n.d.	
67	102	
n.d.	n.d.	
1 231	1 098	
385	n.d.	
1 635	6 229	
n.d.	58	
n.d.	n.d.	
n.d.	n.d.	
53	94	
1 122	1 100	Participa Com. de Fom. Min.
27	105	Participa Com. de Fom. Min.
—	—	En preoperación.
n.d.	n.d.	
n.d.	n.d.	
198	950	Participa Com. de Fom. Min.
n.d.	n.d.	
201	333	
22	131	

(Continuación)

Mexicana de Motores Eléctricos, S.A. de C.V.
Minera Corzo, S.A.
Minerales Tratados, S.A.
Nutrimex, S.A. de C.V.
Forestal Vicente Guerrero, O.P.D.
Plantas de Asfalto de México, S.A.
Productora Nacional de Redes, S.A. de C.V.
Productos Forestales de La Tarahumara, O.P.D.
Productos Químicos e Industriales del Bajío, S.A.
Proformex, O.P.D.
Promotora Industrial del Henequén, S.A. de C.V.
Recipientes Mexicanos, S.A.
Refractarios Hidalgo, S.A.
Resinera Ejidal de Michoacán, S.A. de C.V.
Roca Fosfórica Mexicana, S.A. de C.V.

Sales de Zacatecas, S.A.
Teleconstructora, S.A.
Tornimex, S.A. de C.V.
Unión Forestal de Jalisco y Colima, S.A.
Uranio Mexicano
Zincamex, S.A.

2. *De participación minoritaria*[2] (13 empresas)
Alambres Técnicos, S.A.

Bolsas de Papel Guadalajara, S.A.
Bolsas y Artículos de Papel, S.A.
Compañía Cuprífera La Verde, S.A.
Compañía Minera Comonfort, S.A.
Ferrominera Mexicana, S.A.
Herstal, S.A.
Impulsora Minera de Angangeo, S.A. de C.V.
Mezcal Santiago, S.A.
Minera Lampazos, S.A. de C.V.
Minera Real de Ángeles, S.A. de C.V.
Productora de Filamentos Elásticos, S.A.

Refractarios Mexicanos, S.A.

---

[1] De las aquí listadas (en operación o preoperación), se tiene un alto grado de seguridad de que son matrices en las cuales no hay participación accionaria de las incluidas en los grupos: I. Gobierno federal, II. NAFINSA y III. FISOMEX. Se presentan por separado por no haberse podido obtener la información completa o ninguna.
[2] Estos conceptos corresponden a los de la Ley Orgánica de la Administración Pública Federal.
[3] En este grupo deberían aparecer ocho empresas de participación FOMIN (adicionales a las tres

Ventas netas	Personal ocupado	Observaciones
—	—	En preoperación.
n.d.	n.d.	
n.d.	n.d.	
n.d.	n.d.	
n.d.	n.d.	
—	—	En preoperación.
n.d.	n.d.	
n.d.	n.d.	
91	50	
n.d.	n.d.	
n.d.	n.d.	
186	120	
n.d.	n.d.	
n.d.	n.d.	
—	733	Participa Com. de Fom. Min., en preoperación.
n.d.	n.d.	
n.d.	n.d.	
n.d.	n.d.	
n.d.	n.d.	
n.d.	2 549	
668	1 651	Participa Com. de Fom. Min.
n.d.	*1 614*	
—	—	Participa FOMIN. En preoperación.
n.d.	n.d.	
n.d.	202	
n.d.	3	En preoperación.
n.d.	n.d.	
n.d.	n.d.	
n.d.	n.d.	Participa FOMIN.
n.d.	754	
n.d.	n.d.	
n.d.	252	
n.d.	150	
n.d.	n.d.	Participa FOMIN[3]. En preoperación.
n.d.	n.d.	

que se consignan), en correspondencia a la nota 2 de la tabla del grupo I. Esta ausencia se debe a que, de las ocho, no se pudo precisar el porcentaje de participación de dicho fideicomiso. n.d. No disponible.

VI. CONCENTRACIÓN DE LA INFORMACIÓN CONTENIDA EN LAS TABLAS DE
DATOS BÁSICOS DE LAS EMPRESAS *INDUSTRIALES* EN QUE EL ESTADO ES
INVERSIONISTA (GRUPOS I, II, III, IV Y V)
(Millones de pesos)

	Capital social pagado	Participaciones del sector público en el capital social Valor	%
1. *Totales de empresas con participaciones superiores al 10%* (429 empresas)	*332 447*	*290 400*	*87*
Grupo gobierno federal (154 empresas)	262 524	247 483	94
Grupo NAFINSA (108 empresas)	55 939	34 718	62
Grupo FISOMEX (32 empresas)	13 984	8 199	59
Grupo filiales o asociadas (65 empresas)	n.d.	n.d.	n.d.
Grupo otras empresas (70 empresas)	n.d.	n.d.	25 mín.
2. *Eliminaciones de las menores de 25% de participación* (78 empresas)	*13 865*	*1 742*	*13*
Grupo gobierno federal (13 empresas FOMIN)	532	104	20
Grupo NAFINSA (63 empresas)	12 052	1 492	12
Tubos de Acero de México, S.A.	2 800	389	14
Compañía Industrial de San Cristóbal, S.A. (7 empresas)	2 000	234	12
Grupo Condumex, S.A. de C.V. (19 empresas)	1 019	157	15
Industrias Peñoles, S.A. (21 empresas)	2 325	228	10
Negromex, S.A.	261	26	10
Productos Cowen, S.A.	17	3	15
Empresa Industria del Hierro, S.A. (7 empresas)	1 145	144	13
Cigarros La Tabacalera Mexicana, S.A. de C.V.	842	84	10
Grupo Pliana, S.A. (4 empresas)	1 235	198	16
Aceros Ecatepec, S.A.	408	29	7
Grupo FISOMEX (2 empresas)	1 281	146	11
Univex, S.A.	986	99	10
Bujías Champion de México, S.A.	295	47	16
3. *Totales de empresas con participaciones superiores al 25%* (351 empresas)	*318 582*	*288 658*	*91*

[1] Suma de 58 empresas. De las 7 restantes, no se obtuvo información.
[2] Suma de 15 empresas. De las 50 restantes, 4 empresas no reportaron ventas por estar en construcción, 1 no operó y 1 más estaba en reconstrucción. De 44 no se obtuvo información.
[3] Suma de 32 empresas. De las 33 restantes, 1 se eliminó por estar establecida en España, 9 no se computan porque su personal se incluye en los de las matrices, ya que no operan con personal propio, y de 23 no se obtuvo información.
[4] Suma de 21 empresas. De las 49 restantes, 5 no se computan por estar en etapa de construcción y de 44 no se obtuvo información.
[5] Suma de 28 empresas. De las 42 restantes, 1 opera sin personal propio, 4 no reportan personal por estar en preoperación y de 37 no se obtuvo información.
ADVERTENCIA: En virtud de las situaciones que se mencionan en las 5 notas anteriores, las cifras en cursivas no pueden ser comparadas o combinadas para obtener relaciones analíticas.

Capital contable	Activos totales	Ventas	Resultados	Personal ocupado	Participaciones del sector público	
					Capital contable	Resultados
1 080 888	*2 076 520*	*991 719*	*14 560*	*542 450*	*975 610*	*9 498*
879 645	1 702 402	662 416	6 722	359 689	873 825	7 084
147 343	321 755	136 050	6 759	114 407	82 715	2 454
26 209	52 363	35 018	1 079	26 581	19 070	(40)
27 691[1]	n.d.	150 046[2]	n.d.	17 415[3]	n.d.	n.d.
n.d.	n.d.	8 189[4]	n.d.	24 358[5]	n.d.	n.d.
53 151	*105 181*	*62 763*	*5 471*	*51 140*	*6 500*	*693*
541	1 227	407	(41)	620	102	(7)
50 325	101 286	60 149	5 155	49 400	6 143	656
8 518	20 296	8 067	1 040	5 791	1 193	146
10 837	18 583	8 675	1 039	6 941	1 300	125
6 938	11 079	9 750	931	7 649	1 041	140
13 534	25 045	17 618	906	11 680	1 353	91
2 182	4 499	2 253	306	940	218	31
24	94	138	6	303	4	1
2 504	8 053	6 679	560	7 818	326	73
1 604	3 288	2 631	118	1 796	160	12
2 831	7 245	2 635	212	4 455	453	34
1 353	3 104	1 703	37	2 027	95	3
2 285	2 668	2 207	357	1 120	255	44
1 846	2 163	1 419	213	470	185	21
439	505	788	144	650	70	23
1 027 737	*1 971 339*	*928 956*	*9 139*	*491 310*	*969 110*	*8 805*

VII. CONCENTRACIONES DE LAS EMPRESAS INTEGRANTES EN LOS GRUPOS
I, II Y III POR PORCENTAJES DE PARTICIPACIÓN DEL SECTOR PÚBLICO Y
SITUACIÓN OPERATIVA
(Millones de pesos)

	Participación del sector público (%)	Capital contable de las empresas del sector público	
I. *Empresas con participación de 25 a 50%* (56 empresas)	*41*	*30 397*	*12 402*
En operación (52 empresas)	41	30 014	12 289
En construcción o preoperación (4 empresas)	29	383	113
1. Grupo gobierno federal (36 empresas FOMIN)	35	1 355	471
En operación (34 empresas)	35	1 249	439
En construcción o preoperación (2 empresas)	30	106	32
2. Grupo NAFINSA (18 empresas)	41	24 550	10 118
En operación (16 empresas)	41	24 273	10 037
En construcción o preoperación (2 empresas)	29	277	81
3. Grupo FISOMEX (2 empresas)	40	4 492	1 813
En operación (2 empresas)	40	4 492	1 813
En construcción o preoperación	—	—	—
II. *Empresas con participación de 51 a 100%* (160 empresas)	*99*	*969 649*	*956 708*
En operación (142 empresas)	99	964 719	952 865
En construcción o preoperación (18 empresas)	78	4 930	3 843
1. Grupo gobierno federal (105 empresas)	99	877 749	873 252
En operación (102 empresas)	99	875 941	871 544
En construcción o preoperación (3 empresas)	94	1 808	1 708
2. Grupo NAFINSA (27 empresas)	92	72 468	66 454
En operación (18 empresas)	93	70 062	64 836
En construcción o preoperación (9 empresas)	67	2 406	1 618
3. Grupo FISOMEX (28 empresas)	87	19 432	17 002
En operación (22 empresas)	88	18 716	16 485
En construcción o preoperación (6 empresas)	72	716	517
III. *Subtotales* (216 empresas)	*97*	*1 000 046*	*969 110*
En operación (194 empresas)	97	994 733	965 154
En construcción o preoperación (22 empresas)	74	5 313	3 956
IV. *Empresas con participación de 10 a 24%* (78 empresas)	*13*	*53 151*	*6 500*
V. *Totales* (294 empresas)	*92*	*1 053 197*	*975 610*

[1] En este rubro no se da el desglose de empresas en operación y de empresas en construcción, ya que sólo una, de participación FOMIN, estaba en este caso.

Activos totales	Ventas	Resultados de las empresas para el sector público		Rentabilidad del sector público (%)	Personal ocupado
72 917	*28 503*	*(24)*	*(76)*	*(0.6)*	*23 286*
72 196	28 503	(22)	(75)	(0.6)	23 128
721	—	(2)	(1)	(0.9)	158
3 884	2 112	(98)	(30)	(6.0)	3 093
3 655	2 112	(98)	(30)	(6.4)	2 962
229	—	—	—	—	131
61 432	19 355	(877)	(429)	(4.1)	14 493
60 940	19 355	(875)	(428)	(4.1)	14 466
492	—	(2)	(1)	(1.2)	27
7 601	7 036	851	383	26.8	5 700
7 601	7 036	951	383	26.8	5 700
—	—	—	—	—	—
1 898 422	*742 218*	*9 113*	*8 881*	*0.9*	*426 251*
1 886 428	742 209	9 103	8 873	0.9	423 819
11 994	9	10	8	0.2	2 432
1 697 291	659 897	6 861	7 121	0.8	355 976
1 690 370	659 897	6 861	7 121	0.8	354 022
6 921	—	—	—	—	1 954
159 037	56 546	2 481	2 227	3.5	50 514
156 001	56 537	2 471	2 219	3.5	50 189
3 036	9	10	8	0.5	325
42 094	25 775	(229)	(467)	(2.7)	19 761
40 057	25 775	(229)	(467)	(2.7)	19 608
2 037	—	—	—	—	153
1 971 339	*770 721*	*9 089*	*8 805*	*0.9*	*449 537*
1 958 624	770 712	9 081	8 798	0.9	446 947
12 715	9	8	7	0.2	2 590
105 181	*62 763*	*5 471*	*693*	*11.9*	*51 140*
2 076 520	*833 484*	*14 560*	*9 498*	*1.0*	*500 677*

VIII. MUESTRA DE PARTICIPACIONES DE EMPRESAS EN QUE EL ESTADO ES INVERSIONISTA EN LAS CLASES INDUSTRIALES A QUE PERTENECEN EN CUANTO A VENTAS, EMPLEO Y COMPARACIONES DE COEFICIENTES DE VENTAS POR PERSONA OCUPADA

Clase industrial[1]	Por la clase industrial	Personal ocupado						De la clase industrial
		Total	%	De 10 a 50%	%	De 51 a 100%	%	
2023 Fabricación de leche condensada, evaporada y en polvo / 2032 Preparación, conservación, empacado y envase de frutas y legumbres / 2041 Conservación, empacado y enlatado de pescados y mariscos / 2051 Molienda de trigo / 2052 Fabricación de harina de maíz / 2062 Galletas y pastas alimenticias / 2093 Fabricación de aceites, margarinas y otras grasas vegetales	60 320	19 306	32	1 030	2	18 276	30	77 723[5]
2098 Fabricación de productos alimenticios para animales	5 395	2 152	40	10	0	2 142	40	19 182
2212 Fabricación de cigarros	5 973	1 796	30	1 796	30	—	—	21 916
2314 Hilado, tejido y acabado de algodón / 2317 Hilado, tejido y acabado de fibras artificiales / 3132 Fabricación de fibras celulósicas y otras fibras artificiales / 2315 Fabricación de casimires, paños, cobijas y productos similares	69 823	9 730	14	5 018	7	4 739	7	58 936
2512 Fabricación de triplay, tableros aglutinados y fibracel	5 739	1 009	18	170	3	839	15	4 072
2711 Fabricación de pastas de celulosa y papel / 2712 Fabricación de cartón, láminas de cartón y cartoncillo / 2722 Fabricación de cajas o envases de cartón	31 531	10 903	35	6 941	22	3 962	13	48 594
3121 Fabricación de abonos y fertilizantes[2]	9 946	10 700	100	—	—	10 700	100	11 492
3341 Fabricación de cemento hidráulico	13 826	1 500	11	1 500	11	—	—	29 862
3411 Fundición y laminación primaria de hierro y acero[3] / 3412 Laminación secundaria de hierro y acero / 3413 Fabricación de tubos y postes de hierro y acero	68 162	61 023	89	6 252	9	54 771	80	145 554
3421 Fundición, refinación, laminación, extrusión y estiraje de cobre	11 674	687[4]	6	687	6	—	—	24 812
3721 Fabricación de tocadiscos y receptores de radio y televisión / 3723 Fabricación de otros equipos y aparatos electrónicos y sus partes	18 993	4 983	26	4 483	23	500	3	20 083
3821 Construcción, reconstrucción y reparación de equipo ferroviario	6 724	5 273	78	—	—	5 273	78	8 135
3831 Fabricación y ensamble de vehículos automóviles	53 587	15 016	28	—	—	15 016	28	148 982

[1] Según la clasificación utilizada por la Dirección General de Estadística de la Secretaría de Programación y Presupuesto.

[2] Las cifras que se consignan para esta clase, no coinciden con las que se reportan para FERTIMEX (en el grupo II, NAFINSA); las de ésta son mayores debido a que la Dirección General de Estadística no capta en esta clase otros productos de FERTIMEX que no son abonos o fertilizantes.

[3] Si se comparan las cifras de esta clase con la suma de las empresas que administra SIDERMEX, las ventas representan el 92% de la clase.

[4] Sólo incluye a Cobre de México, S.A., por no haberse podido desglosar las actividades que son correspondientes a la clase en las empresas integradas (Grupo Condumex y Mexicana de Cobre, S.A.).

Ventas (millones de pesos)						En la clase industrial	Ventas por persona ocupada (miles de pesos)			Productos que fabrican las empresas en que el estado es inversionista
De las empresas en que el estado es inversionista							Total	De las empresas en que el estado es inversionista		
Total	%	De 10 a 50%	%	De 51 a 100%	%			De 10 a 50%	De 51 a 100%	
55 119	71	566	1	54 553	70	1 288	2 855	549	2 985	Leche rehidratada, legumbres y frutas enlatadas, pescados y mariscos enlatados y congelados, harina de trigo, harina de maíz nixtamalizado, pastas y galletas alimenticias y, aceites
2 476	13	20	0	2 456	13	3 556	1 150	2 000	1 147	Alimentos balanceados para aves y ganado
2 631	12	2 631	12	—	—	3 669	1 465	1 465	—	Cigarrillos
5 706	10	2 926	5	2 780	5	844	586	583	587	Hilos y telas de algodón (popelinas, franelas y mezclilla principalmente), fibras y telas de polipropileno para tapicería y prendas Casimires de lana y mezclas, peinadas y cardadas.
594	15	90	2	504	13	709	589	529	601	Triplay de pino y de maderas finas y tableros aglomerados
13 208	27	8 675	18	4 533	9	1 541	1 211	1 250	1 144	Papel para periódico y libro de texto gratuito (principalmente) papeles para escritura e impresión, cartón, cartoncillo, papeles faciales y cajas de cartón corrugado Todas son empresas integradas que fabrican celulosa.
18 743	100	—	—	18 743	100	1 155	1 752	—	1 752	Fertilizantes, plaguicidas y ácidos. No es válida la comparación por lo indicado en la nota 2
3 768	13	3 768	13	—	—	2 160	2 512	2 512	—	Cementos hidráulicos.
54 736	37	9 275	6	45 461	31	2 135	897	1 484	830	Barras, cuadrados, redondos, planchón, placa, láminas, varilla corrugada, alambrón y perfiles de acero al carbón. Tubería con y sin costura y láminas de acero inoxidable.
3 385⁴	14	3 385	14	—	—	2 125	4 927	4 927	—	Cobre blíster
4 006	20	3 632	18	374	2	1 057	804	810	748	Aparatos de rayos x de uso médico, equipo de telecomunicaciones, equipos de telefonía, giradiscos, y marcapasos
7 485	92	—	—	7 485	92	1 210	1 419	—	1 419	Carros caja, góndola, plataforma, tolva, tanque y de pasajeros Carros para el Metro.
31 997	21	—	—	31 997	21	2 780	2 131	—	2 131	Automóviles populares, compactos y semideportivos, vagonetas, jeeps, tractocamiones, camiones y autobuses

5 Agregando los valores correspondientes a las ventas de azúcar, el total de las clases es de 118 077 millones de pesos; el de las empresas de 10 a 100%, 77 314 millones de pesos (la participación de éstas desciende a 65%), y el de las empresas de 51 a 100% de 76 748 millones de pesos (la participación se reduce a 65%).

FUENTE: Dirección General de Estadística, Secretaría de Programación y Presupuesto, y tablas correspondientes a los grupos I, II, III y IV.

FUENTES DE INFORMACIÓN Y ADVERTENCIAS GENERALES DE LAS TABLAS DE DATOS BÁSICOS DE LAS EMPRESAS *INDUSTRIALES* EN QUE EL ESTADO ES INVERSIONISTA

FUENTES DE INFORMACIÓN:
Estas tablas fueron elaboradas *combinando* (y contrastando) la información obtenida en las siguientes fuentes:

DEPENDENCIAS DEL SECTOR PÚBLICO: BANPESCA; Comisión de Fomento Minero; Financiera Nacional Azucarera, S.A.; Fondo Nacional de Fomento Industrial; Nacional Financiera, S.A.; Secretaría de Energía, Minas e Industria Paraestatal, y FISOMEX, S.A.

EMPRESAS DE PARTICIPACIÓN ESTATAL: Alimentos Balanceados de México, S.A.; Fermentaciones Mexicanas, S.A.; Minerales No Metálicos de Guerrero, S.A., y Productora Nacional de Papel Destintado, S.A.

INFORMES ANUALES 1981: Comisión Federal de Electricidad; Fondo Nacional de Fomento Industrial; Nacional Financiera, S.A.; Organización SOMEX, y Petróleos Mexicanos.

PUBLICACIONES: *Diario Oficial de la Federación*, 3 de septiembre y 15 de noviembre de 1982; Directorio de socios 1982 de la Cámara Nacional de las Industrias de la Celulosa y del Papel; *El papel del sector público en la economía mexicana*, Secretaría de Programación y Presupuesto, julio de 1982; *Manual de organización de la administración pública paraestatal*, Presidencia de la República, 1982, y revista *Expansión*, agosto de 1982.

ADVERTENCIAS GENERALES:[1]

a] En todos los grupos reseñados en las tablas, sólo se incluyen empresas *industriales* en operación o en etapa de construcción. Por tanto, excluyen a las empresas que estaban en liquidación, así como a las dedicadas a las actividades de: comercialización, transporte, administración o compra-venta de bienes raíces y de servicios turísticos y corporativos o de administración.

b] Asimismo las tablas sólo incluyen empresas en que el sector público, a través de diversas dependencias (individual o conjuntamente), participa con no menos del 10% del capital social. De todas las empresas consignadas, en sólo 78 la participación es menor de 25%. De éstas, 13 corresponden al grupo de FOMIN.

[1] Válidas para 1981.

c] El criterio general para la integración de los grupos fue: cada empresa se inscribió atendiendo a la entidad que detenta, conjuntamente, la presidencia del consejo de administración y la tenencia más valiosa entre todas las estatales. Sin embargo, en los casos en que no se daban las dos condiciones se atendió al monto de participación de esta forma: del grupo NAFINSA se trasladaron al del gobierno federal todas las que dicha institución tiene en administración por cuenta de aquél, incluyendo a las empresas de participación FOMIN. Debe advertirse que el grupo V, otras empresas, no atiende a lo indicado.

d] Aproximadamente una tercera parte de las cifras proviene de estados financieros auditados. En todos los casos provienen de estados financieros de cierre de ejercicio. La mayor parte de los estados financieros registran revaluaciones de activos por cambio de paridad de la moneda.

e] En virtud de que Sidermex, S.A. no es propietaria de las acciones de las empresas siderúrgicas que administra, éstas se presentan con sus datos particulares. Sidermex, por sus funciones de administración, no se incluye.

f] Las cifras de los grupos industriales que se incluyen corresponden a la consolidación que hace la controladora, cuyo nombre es el que se consigna. Entre paréntesis se indica el número de empresas que agrupan, estando excluidas del listado del grupo IV, filiales.

g] En el caso de las empresas de los grupos I y II que poseen filiales y que así se indica, las cifras financieras correspondientes a éstas, se localizan en el grupo IV para aquellas que no están consolidadas.

h] En la columna de observaciones se menciona en varias ocasiones al Fondo de Apoyo a la Empresa Pública. Este fondo es un "mandato" establecido por el gobierno federal en Nacional Financiera, S.A., dotado de recursos para apoyar a las empresas de participación estatal mayoritaria, afectadas por la devaluación de 1976.

i] Los fondos de coinversión mencionados en la columna de observaciones son fideicomisos de promoción radicados en el Banco Internacional, S.A., cuyos recursos están destinados a la inversión accionaria en coinversiones industriales. Los fondos fideicometidos son aportaciones de NAFINSA y de bancos extranjeros, en proporción de 60 y de 40% respectivamente.

j] Las columnas de participaciones del sector público en capital contable y resultados tienen dicho título, ya que reúnen las inversiones que en una misma empresa tienen realizadas las diferentes dependencias del sector público que se mencionan en la columna de observaciones, con la de la entidad que da nombre a cada grupo. En el caso de las inversiones de los fondos de coinversión, sólo se considera el 60% correspondiente a NAFINSA.

k] Los subsidios a que se hace referencia en la columna de observaciones para la Comisión Federal de Electricidad y para Fertilizantes Mexicanos, S.A., no son generadores de utilidades artificiales, dado que son compensaciones que el gobierno les da por los precios oficiales que les impone. En lugar de darse los subsidios directamente a los consumidores, se otorgan a través de las dos entidades industriales. El monto de los subsidios se determina con base en costos objetivos de pronóstico; cualquier diferencia que a la postre se presente entre los pronósticos y la realidad (ya sean costos directos o indirectos), se compensan con cargo al presupuesto federal. En algunos casos, dichos subsidios se dan a cuenta de capital o patrimonio y, en otros casos, como subsidios sin contrapartida. En el caso de Fertimex, el monto del subsidio no sólo se cuantifica atendiendo a los costos proyectados, sino también con base en precios autorizados, pero que no se aplican en la operación comercial para beneficio del consumidor. Dado lo anterior, se considera que las cifras que se muestran (incluyendo las utilidades), son las que realmente mostrarían las entidades en cuestión, si se les permitiera repercutir libremente los incrementos de costos en los precios de venta. Esta afirmación no implica que el autor esté de acuerdo en esta mecánica de otorgamiento de subsidios al consumo.

Las tablas anteriores se elaboraron en el período comprendido entre enero y junio de 1983.

www.ingramcontent.com/pod-product-compliance
Lightning Source LLC
Chambersburg PA
CBHW022110280326
41933CB00007B/326